Walther Ziegler

Kant
in 60 Minuten

Dank an Rudolf Aichner für seine unermüdliche und kritische Redigierung,
Silke Ruthenberg für die feine Grafik, Angela Schumitz, Lydia Pointvogl, Eva Amberger,
Christiane Hüttner, Dr. Martin Engler für das Lektorat
und Dank an Prof. Guntram Knapp, der mich für die Philosophie begeistert hat.

> Zwei Dinge erfüllen das Gemüt mit immer neuer und zunehmender Bewunderung und Ehrfurcht, je öfter und anhaltender sich das Nachdenken damit beschäftigt: *Der bestirnte Himmel über mir und das moralische Gesetz in mir.* [1]

Bibliografische Information der Deutschen Nationalbibliothek:
Die Deutsche Nationalbibliothek verzeichnet diese Publikation in der Deutschen Nationalbibliografie; detaillierte bibliografische Daten sind im Internet über www.dnb.de abrufbar.

© 2015 Dr. Walther Ziegler
2. Auflage Juli 2015
Umschlaggestaltung und Grafik des gesamten Buches: Silke Ruthenberg
unter Verwendung von Illustrationen von:
Raphael Bräsecke, Creactive – Atelier für Werbung, Comic & Illustration (Zeichnungen)
© JackF - Fotolia.com (Bilderrahmen)
© Valerie Potapova - Fotolia.com (Bilderrahmen)
© Svetlana Gryankina - Fotolia.com (Sprechblasen)
Herstellung und Verlag:
BoD – Books on Demand, Norderstedt

ISBN 978-3-7347-81728

Inhalt

Kants große Entdeckung   7

Kants Kerngedanke   16

  Was kann ich wissen?
  Die Kritik der reinen Vernunft   16

  Der Streit zwischen Rationalisten
  und Empiristen   19

  Kants geniale Lösung des Erkenntnisproblems   23

  Raum und Zeit   32

  Die Kategorien   45

  Kategorien auf der Autobahn   54

  Erkenntnis als Zusammenspiel von
  Anschauung und Denken   64

  Gott kann man nicht erkennen   72

  Was soll ich tun?
  Die Kritik der praktischen Vernunft   76

  Kritik am Hedonismus:
  Das Lustprinzip kennt keine Moral   82

  Kritik am Utilitarismus:
  Nutzenabwägung ist gefährlich   86

  Kritik am Eudämonismus:
  Tugend allein genügt nicht   91

Kritik am Legalismus: Gesetze können ungerecht sein	97
Der kategorische Imperativ - das einzig wahre Sittengesetz	101
Pflicht und freier Wille	108
Was darf ich hoffen? Die Religionskritik	113
Was nützt uns Kants Entdeckung heute?	**117**
Die Begründung der Wissenschaften	117
Der kategorische Imperativ – Stachel der Moral	120
Nachhaltigkeit – die Maxime der Moderne	124
Aufklärung endet nie - sapere aude!	128
Zitatverzeichnis	**133**

Kants große Entdeckung

Immanuel Kant (1724-1804) gilt als der vielleicht bedeutendste Philosoph aller Zeiten. Tatsächlich machte er im 18. Jahrhundert zwei große Entdeckungen, die uns bis heute in Atem halten. Zum einem begründete er den weltweit gültigen ‚kategorischen Imperativ', zum anderen gelang es ihm als erstem Philosophen überhaupt, die uralte Menschheitsfrage zu beantworten, wie in unserem Gehirn Erkenntnisse zu Stande kommen. In seinem Hauptwerk, der ‚Kritik der reinen Vernunft', untersuchte er auf über tausend Seiten die Funktionsweise des menschlichen Denkapparates.

Alle Philosophen vor ihm, so ärgerte sich Kant, behaupteten mal dieses, mal jenes und kamen am Ende sogar zu gegensätzlichen Erkenntnissen:

Die Philosophie wimmelt von fehlerhaften Definitionen [...]. [2]

Der Grund dafür sei, so Kant, der falsche Gebrauch der Vernunft. Zwar sehen alle Menschen und somit natürlich auch die Philosophen ein und dieselbe Wirklichkeit. Aber aufgrund von Täuschungen und Denkfehlern kommen sie am Ende, so Kant, zu äußerst widersprüchlichen Meinungen. Um nicht selbst solchen Denkfehlern zu verfallen, zog er es vor, erst einmal keinerlei philosophische Aussagen mehr zu machen. Elf lange Jahre veröffentlichte er gar nichts, kein einziges Buch, keinen Aufsatz, kein Wort, obwohl das von ihm als Philosophieprofessor eigentlich erwartet wurde. Stattdessen zog er sich mit sechsundvierzig Jahren in sein Studierzimmer zurück und erforschte hartnäckig, wie unser Denkapparat im Einzelnen funktioniert und wie wir ihn richtig einsetzen, um fehlerfreie Aussagen zu machen. Er prüfte kritisch, was der Mensch mit seiner Vernunft erkennen kann und was nicht. Deshalb nannte er sein Hauptwerk die „Kritik der reinen Vernunft":

> Ich verstehe aber hierunter nicht die Kritik der Bücher und Systeme, sondern die des Vernunftvermögens überhaupt [...].³

Entscheidend war für ihn immer nur die kritische Frage: Was kann die Vernunft wirklich mit Sicherheit erkennen und wo beginnt die Spekulation?

Wie ein Besessener suchte er nach der Antwort. Jeden Morgen ließ er sich schon um fünf Uhr von seinem Diener mit den Worten wecken „Es ist Zeit!". Noch im Schlafrock setzte er sich zwei Stunden an den Schreibtisch, bevor er von sieben bis neun seine Universitätsvorlesung hielt. Gleich anschließend arbeitete er den ganzen Vormittag weiter, um dann Punkt zwölf mit seinen Freunden das Mittagessen einzunehmen. Allerdings durften diese auf keinen Fall über philosophische Themen sprechen, da er sich entspannen wollte, um am Nachmittag umso konzentrierter weiter arbeiten zu können. Punkt siebzehn Uhr machte er jeden Tag seinen Spaziergang, so dass die Königsberger, wenn sie ihn mit Hut und Spazierstock aus der Türe treten sahen, ihre Uhr nach ihm stellen konnten. Den Abend nutzte er, um Bücher anderer Philosophen zu lesen, bevor er sich pünktlich um zehn Uhr schlafen legte. Unermüdlich und mit eiserner Disziplin stellte er sich Tag für Tag, Monat für Monat und Jahr für Jahr immer wieder dieselbe Frage: Wie funktioniert die menschliche Vernunft und was kann der Mensch mit Hilfe der Vernunft erkennen?

So grübelte er – das ist für heutige Menschen fast nicht vorstellbar – elf lange Jahre, bis er endlich der Menschheit seine Antwort gab. Und die hatte es in sich. Sein Buch „Die Kritik der reinen Vernunft" war eine Sensation. Es verbreitete sich nach einer gewissen Anlaufzeit um die ganze Welt und ist bis heute das wichtigste philosophische Werk aller Zeiten. Es brachte ihm aber auch großen Ärger mit der Kirche ein. Denn sein Ergebnis war knallhart. Die kritische Untersuchung des menschlichen Denkapparates oder, wie Kant sagt, die kritische Untersuchung der reinen Vernunft, hat nämlich ergeben, dass unsere Erkenntnisfähigkeit sehr begrenzt ist. Unsere Vernunft, so Kant, ist nur in der Lage, das mit Sicherheit zu erkennen, was wir zuvor auch mit unseren fünf Sinnen gesehen, gehört, gerochen, geschmeckt oder ertastet haben. Kein Mensch kann allein durch bloßes Nachdenken über einen Gegenstand zu einer wirklich gesicherten Erkenntnis kommen, wenn er den Gegenstand nie zuvor sinnlich wahrgenommen hat. Auch Gott können wir letztlich nicht erkennen, da wir ihn nicht sinnlich wahrnehmen können. Gott hat keine Anschauung. Es gibt zwar das Wort „Gott", aber niemand hat ihn je zuvor gesehen. Deshalb ist Gott zunächst nur ein abstrakter Gedanke oder, wie es Kant formuliert, ein leerer Begriff:

Kants große Entdeckung

Gedanken ohne Inhalt sind leer [...]. ⁴

Kant lehnte deshalb alle Gottesbeweise als unwissenschaftlich ab, obwohl Gottesbeweise zu seiner Zeit noch weit verbreitet waren. Weder Gott noch Teufel noch das Weiterleben nach dem Tode können, so Kant, von der Vernunft erkannt und bewiesen werden. Damit machte er sich natürlich den Papst und die Kirche zum Feind. Vom frommen preußischen König Friedrich Wilhelm dem Zweiten wurde ihm die Verbreitung seiner Meinung über Gott und die Religion strengstens verboten. Auch die anderen Professoren durften in Preußen jahrelang keine Vorlesungen über Kants religionskritische Schriften halten.

Der Naturwissenschaft aber hat Kant mit seiner Erkenntniskritik einen unschätzbaren Dienst erwiesen. Er gab den Forschern erstmals ein sensationell einfaches und perfektes logisches Instrumentarium an die Hand, das bis heute Gültigkeit hat und alle Ergebnisse weltweit vergleichbar macht. Jede Theorie, so gut sie auch sein mag, muss immer, so Kant, durch Anschauungen, also beispielsweise durch wiederholbare Experimente bewiesen werden. Erst dann handelt es sich um eine wirkliche Erkenntnis. Damit begann die Naturwissenschaft und die Technik ihren einzigartigen Siegeszug, der bis heute anhält. Endlich konnten die Forschungsergebnisse auf der ganzen Welt überprüft, miteinander verglichen und weiterentwickelt werden, da sich alle derselben erkenntnistheoretisch abgesicherten Methode bedienten, der Methode Immanuel Kants. Denn er beantwortete als erster die erkenntnistheoretische Frage „Was kann ich wissen?" und bereitete damit den Boden für den universalen Aufbruch der Wissenschaft.

Aber das war bei Weitem noch nicht alles. In seinem zweiten Hauptwerk, der „Kritik der praktischen Vernunft", geht Kant einer vielleicht noch wichtigeren Frage der Menschheit nach:

Kants große Entdeckung

Im Leben geht es nicht nur darum, die Welt zu erforschen und zu erkennen, sondern vor allem darum, sich richtig zu verhalten und das Richtige zu tun. Was ist gut, was ist böse? Wie soll ich handeln? Gibt es eine Handlungsorientierung, die für alle Menschen gleichermaßen richtig ist?

Auch auf diese Frage gelang Kant eine sensationelle Antwort, der sogenannte ‚kategorische Imperativ'. Millionen Schüler und Studenten auf der ganzen Welt lernen heute noch den berühmten Handlungsimperativ, den Kant vor über zweihundert Jahren entwickelt hat.

So groß auf der einen Seite seine Wirkung war, so bescheiden war auf der anderen Seite sein eigenes Leben. Den Geburtsort Königsberg, das heutige Kaliningrad, hat er angeblich nie verlassen. Von einem zeitgenössischen Biografen wird sogar überliefert, dass Kant nur ein einziges Mal mit der Kutsche ein paar Kilometer über die Stadtgrenze hinauskam, um einen Freund zu besuchen.

Doch die ungewollt späte Heimkehr, die seinen Tagesablauf durcheinander brachte, bereute er so sehr, dass er künftig auf solche Abenteuer verzichtete und sich ausschließlich seinen Studien widmete. Selbst Frauen hatten in seinem Leben keinen Platz. Sie galten ihm wohl als Zeitfresser, die ihn von den wesentlichen Dingen hätten ablenken können. Auf seine Ehelosigkeit angesprochen pflegte er zu sagen:

Das Weib wird durch die Ehe frei; der Mann verliert dadurch seine Freiheit. [6]

Kants größte Lust war nun mal das Denken und er nahm sich die Freiheit, dieser Leidenschaft uneingeschränkt nachzugehen. Sowohl seine Zeitgenossen als auch spätere Denker belächelten Kant wegen seiner zwanghaft asketischen Lebensweise. Fest steht aber, dass am Ende seines Schaffens der bedeutendste ethische Entwurf stand, den der menschliche Geist je hervorgebracht hat und der bis heute gilt: der kategorische Imperativ. Zeitlos und modern ist der kategorische Imperativ schon deshalb, weil Kant damit erstmals ein moralisches Handlungsprinzip vorlegte, das ausschließlich auf Vernunft basiert und nicht mehr, wie in früheren Jahrhunderten, auf dem Glauben an Gut und Böse.

Kants große Entdeckung

Mit Kant kam ein ganz neues Denken in die Geschichte der Philosophie und der Menschheit: das kritische Denken. Kant war insofern vielleicht der konsequenteste Vertreter der Aufklärung, als er die Menschen aufforderte, jedes Wissen selbstkritisch zu hinterfragen und sich radikal von überkommenem Scheinwissen zu befreien:

Aufklärung ist der Ausgang des Menschen aus seiner selbst verschuldeten Unmündigkeit. [7]

Kants Kerngedanke

Was kann ich wissen?
Die Kritik der reinen Vernunft

In einer philosophischen Vorlesung hat Kant einmal gesagt, dass es in der Philosophie überhaupt nur vier Fragen von wirklicher Bedeutung gibt: Was kann ich wissen? Was kann ich tun? Was kann ich hoffen? Was ist der Mensch? Er selbst hat sich vor allem mit den ersten beiden Fragen beschäftigt.

Die fundamentale Frage, was kann ich als Mensch wissen und erkennen, untersucht er in seinem gewaltigen tausendseitigen Hauptwerk, der ‚Kritik der reinen Vernunft'. Das Wort Kritik verwendet er dabei weniger im modernen Sprachgebrauch als negatives Urteil, sondern vielmehr im ursprünglichen Sinne des griechischen Wortes ‚krinein', was übersetzt ‚untersuchen' oder ‚prüfen' bedeutet. Er will prüfen, was die reine Vernunft überhaupt leisten kann und was nicht. Diese kritische Überprüfung vergleicht er mit einem Gerichtsprozess, bei dem die Vernunft zugleich Anklägerin und Angeklagte ist, da sie sich ja selbstkritisch auf ihre eigene Leistungsfähigkeit hin untersuchen muss. Ein solch strenger Gerichtsprozess sei nach zweitausend Jahren Philosophiegeschichte längst überfällig. Die jahrhundertealte Diskussion der Philosophen um die Wahrheit drohe nämlich, so Kant, in Widersprüchen und Chaos zu versinken und sei eine überdeutliche Aufforderung, endlich Klarheit zu schaffen:

> Sie ist [...] eine Aufforderung an die Vernunft, das beschwerlichste aller ihrer Geschäfte, nämlich das der Selbsterkenntnis aufs neue zu übernehmen und einen

> Gerichtshof einzusetzen, der sie bei ihren gerechten Ansprüchen sichere, dagegen aber alle grundlose Anmaßungen [...] abfertigen könne, und dieser ist kein anderer als die Kritik der reinen Vernunft selbst. [8]

Hier wird bereits die gewaltige Dimension von Kants Vorhaben deutlich. Es geht ihm nicht um irgendeine neue philosophische oder wissenschaftliche Theorie, sondern um etwas viel Fundamentaleres. Er will prüfen, was bei einem korrekten Einsatz der menschlichen Vernunft überhaupt theoretisch zu erkennen ist und was nicht:

> Es ist also die erste und wichtigste Angelegenheit der Philosophie, einmal für allemal ihr dadurch, dass man die Quelle der Irrtümer verstopft, allen nachteiligen Einfluss zu benehmen. [9]

Und die Quelle der Irrtümer ist, so Kant, die Unkenntnis des Denkapparates. Zu oft wurde und wird der Denkapparat falsch eingesetzt. Kant will, wie er immer wieder betont, ‚einmal für allemal', also für alle vergangenen und künftigen Zeiten festschreiben, was jeder Wissenschaft zu Grunde liegen muss, dass sie sich Wissenschaft nennen darf. Er will herausfinden, was überhaupt unter wissenschaftlicher Erkenntnis zu verstehen ist.

Der Streit zwischen Rationalisten und Empiristen

Zur Zeit Kants gab es zwei große philosophische Strömungen, den Rationalismus und den Empirismus. Diese beiden Denkrichtungen waren dermaßen zerstritten, dass sie sich gegenseitig Naivität und Engstirnigkeit vorwarfen.

Die Rationalisten benannten sich nach dem lateinischen Wort ‚ratio'. Das heißt übersetzt nichts anderes als ‚Vernunft'. Und tatsächlich beriefen sich die Rationalisten einzig und allein auf die Vernunft. Nur mit Hilfe der Vernunft, also durch bloßes Nachdenken und logische Schlüsse, komme man zu wahren Einsichten. In seinem berühmt gewordenen Ausruf ‚Ich denke, also bin ich', hat der französische Rationalist René Descartes der Vernunft die entscheidende und alleinige Rolle bei der Wahrheitsfindung zugeschrieben.

Alles andere, was wir zum Beispiel mit unseren fünf Sinnen wahrnehmen, könnte ja eine bloße Sinnestäuschung sein und sei daher für die Wahrheitsfindung völlig unzureichend. Ein Beispiel hierfür wäre der Sonnenaufgang. So sei es eine Sinnestäuschung, zu glauben, die Sonne gehe auf, nur weil man sie jeden Morgen am Himmel aufsteigen sieht. Rationalistisch betrachtet, also rein logisch gesehen, ist der Satz ‚die Sonne geht auf' völlig falsch. Richtig sei vielmehr, dass die Erde sich morgens zur Sonne hin- und abends von ihr wegdrehen würde. Auch sei es unter Umständen fehlerhaft zu behaupten, jemand sei groß, nur weil man ihn als sehr stattlich empfindet. Im Vergleich zu anderen ist er womöglich klein. Entscheidend sei somit nicht die empirische Sinneswahrnehmung der Person, sondern allein die geistige Idee der Relation und die daraus resultierenden logischen Schlussfolgerungen. Nur die Vernunft allein, also die ‚Ratio' könne als logisch vergleichende Instanz entscheiden, ob jemand als groß oder klein erscheint, ob die Sonne ‚aufgeht' oder sich die Erde zur Sonne dreht. Nur indem die Vernunft die Logik des vergleichenden oder kausalen Denkens anwende, könne man wahre Aussagen machen.

Die Rationalisten wollten die ganze Welt allein mit logischen Ableitungen erklären. Dabei kamen sie auch zu metaphysischen Erkenntnissen wie der Existenz Gottes. Wenn beispielsweise die Bewegung der Welt oder der Natur eine lange Reihe von Ursachen und Wirkungen ist, dann muss es logischerweise eine allererste Ursache beziehungsweise einen allerersten Beweger gegeben haben, der alles angestoßen hat, aber selbst nicht angestoßen werden musste und somit außerhalb der natürlichen Kausalkette steht. Derartige Gottesbeweise waren für die Rationalisten nichts Ungewöhnliches. Heute noch bekannte Vertreter des Rationalismus sind neben Descartes auch Spinoza, Leibniz und Wolff.

Der Empirismus behauptete nun das genaue Gegenteil. Nicht das Denken, sondern nur die Erfahrung, also die Wahrnehmung der Welt mit unseren fünf Sinnen sei die einzig sichere Quelle der Wahrheit. Die Empiristen benannten sich selbst nach dem lateinischen Wort ‚empiricus', also ‚der Erfahrung folgend'. Sie waren fasziniert von den beginnenden Naturwissenschaften und deren Experimenten. Alle Theorie sei grau. Man müsse stattdessen die Dinge mit eigenen Augen sehen und dürfe sich immer nur an das konkret Wahrnehmbare halten. Der Empirist Bacon ließ sogar sein Leben bei einem seiner vielen Experimente. Er wollte herausfinden, wie lange man Hühnerfleisch durch Kühlung haltbar machen könne und starb an den Folgen.

Doch das gereichte ihm in den Augen der Empiristen zu noch größerer Ehre. Denn, so das Motto des Empirismus: Naturgesetze und Naturerkenntnisse darf man nur aus der Sammlung von sinnlichen Erfahrungen und Daten gewinnen. Die Empiristen stellten sich die menschliche Vernunft als ein Gefäß vor, das bei der Geburt noch völlig leer ist und erst im Laufe des Lebens immer mehr Bilder, Eindrücke und Erfahrungen in sich aufnimmt. So merkt beispielsweise das Kind erst, wenn es sich die Finger verbrennt, dass das Feuer heiß ist, speichert diese schmerzhafte Erfahrung im Verstand ab und ist von da an vorsichtiger. ‚Nichts ist im Verstand, was nicht zuvor in den Sinnen gewesen ist', behauptete der englische Empirist John Locke. Deshalb war für die Empiristen der Rationalismus, also das Nachdenken über Gott, das Gute, Gerechtigkeit und andere zeitlose Wahrheiten ein rein spekulatives Geschäft, da die sinnliche Erfahrung fehlte. Ewige Wahrheiten könne es schon deshalb nicht geben, da jeden Tag neue Sinneswahrnehmungen, Experimente und Erfahrungen hinzukämen. Besonders in England fand der Empirismus große Verbreitung. Bedeutende Vertreter waren neben Locke unter anderem Bacon, Hobbes, Berkeley und Hume.

Kants geniale Lösung des Erkenntnisproblems

Wer hatte nun Recht, die Rationalisten oder die Empiristen? Kant war hin- und hergerissen. Er war Professor für Philosophie und interessierte sich eigentlich wie die Rationalisten für Metaphysik, also den Bereich der Geisteswissenschaft, der jenseits der Physik angesiedelt ist. Er wollte sich mit der Idee der Gerechtigkeit, des richtigen Handelns, der Idee der Freiheit und der Unsterblichkeit der Seele befassen. Er störte sich aber sehr am spekulativen und widersprüchlichen Vorgehen der Rationalisten, vor allem an deren sogenannten Gottesbeweisen. Kant war deshalb äußerst misstrauisch und bezeichnete die Rationalisten sogar als bloße ‚Dogmatiker', die oft nur Pseudobeweise aus dem Hut zaubern:

Daher, wenn man schon den Dogmatiker mit zehn Beweisen auftreten sieht, da kann man sicher glauben, dass er gar keinen habe. [10]

Umgekehrt war Kant aber auch der Empirismus ein Dorn im Auge. Zwar lebte Kant in einer Epoche, in der die Physik maßgeblich durch das Wirken von Isaac Newton großes Aufsehen erregte, und sah durchaus die Fortschritte, die Newton, Kopernikus, Kepler und Galilei mit der empirischen Methode gemacht hatten. Er wusste auch, dass die genaue empirische Beobachtung der Naturphänomene wie die Bewegung der Planeten ein Gewinn für die Erkenntnis waren. Andererseits sah er, dass gerade die erfolgreichen Physiker ihre Thesen oft logisch, rationalistisch, ja bisweilen sogar rein mathematisch in ihrem Geiste aufstellten und sie erst hinterher mit den beobachtbaren Naturereignissen verglichen. So stellte sich Kant die zentrale Frage, ob man, wie die Empiristen behaupten, erst im Gefolge der sinnlichen Wahrnehmung, also im Nachhinein, auf lateinisch ‚a posteriori', zu Erkenntnissen kommen kann, oder wie die Rationalisten meinten, tatsächlich bereits im Vorhinein, also ‚a priori' –also durch bloßes Denken:

> Es ist also wenigstens eine [...] Frage: ob es ein dergleichen von der Erfahrung und selbst von allen Eindrücken der Sinne unabhängiges Erkenntnis gebe. [...]

Kants Kerngedanke

> [...] Man nennt solche Erkenntnisse *a priori*, und unterscheidet sie von den *empirischen*, die ihre Quellen a posteriori, nämlich in der Erfahrung, haben. [11]

Solche apriorischen Erkenntnisse der Vernunft, die schon vor aller konkreten Erfahrung möglich sind, nennt Kant übrigens ‚reine' Vernunftsleistungen. Deshalb heißt sein Hauptwerk auch die Kritik der ‚reinen' Vernunft, weil er am Ende natürlich wissen will, ob mit Hilfe des reinen Denkapparates, also ganz ohne Sinneswahrnehmungen, bereits Erkenntnisse hervorgebracht werden können, wie dies die Rationalisten behaupten.

Wer hat also nun Recht, die Rationalisten oder die Empiristen? Kants Antwort war ebenso einfach wie brillant. Kant sagt schlicht und einfach: Wir brauchen beides, einerseits die empirisch sinnliche Wahrnehmung a posteriori und andererseits die apriorische Fähigkeit unseres Verstandes, zu denken, zu kategorisieren und Urteile zu fällen. Wenn nur eine von beiden Seiten fehlt, kommt keine Erkenntnis zustande. Denn entweder bleibt dann unsere sinnliche Wahrnehmung blind und die Sinneseindrücke können nicht weiterverarbeitet werden oder unsere Gedanken bleiben leer und finden keine konkreten Anhaltspunkte:

> Ohne Sinnlichkeit würde uns kein Gegenstand gegeben, und ohne Verstand keiner gedacht werden. Gedanken ohne Inhalt sind leer, Anschauungen ohne Begriffe sind blind. [12]

Wer diesen Satz verstanden hat, hat im Grunde bereits die gesamte Kritik der reinen Vernunft verstanden, denn darin steckt bereits der Kern der großen Kantischen Entdeckung. Jede wissenschaftliche Erkenntnis, ja jede menschliche Erkenntnis überhaupt muss, um als glaubwürdig und sicher zu gelten, auf zwei Beinen stehen, zum einen auf der direkten sinnlichen Anschauung mit Augen und Ohren, zum anderen auf der Anwendung der logischen Begriffe des

Denkapparates.

Hier ein erstes einfaches Beispiel für die Notwendigkeit des Zusammenwirkens von sinnlicher Anschauung a posteriori und dem apriorischen Denken.

Empirische Erfahrung allein genügt ebenso wenig, wie reines Denken. Stellen wir uns einen frühen Vorfahren des Steinzeitmenschen vor, der vielleicht gerade aufrecht gehen kann, aber noch nicht über einen entwickelten Verstand verfügt. Er befindet sich noch auf einer archaischen Entwicklungsstufe am Übergang vom Tier zum Menschen oder sogar noch ein Stück davor. Er lebt rein instinktiv gemäß seinen sinnlichen Eindrücken und hat aber noch keine logischen Verstandeskategorien ausgebildet.

Würde man ihn aus dieser frühen animalischen Phase herausnehmen und ihn zuschauen lassen, wie eine Bäckerin einen Hefepfannkuchen zubereitet, hätte er wohl größte Schwierigkeiten, diesen Vorgang zu verstehen. Ohne kausallogisches Denken hätte er keine Chance, zu begreifen, warum zuvor isolierte und dann wieder hinzugefügte Hefebakterien durch die Gärung den Teig aufgehen lassen und warum durch die entzündete Herdflamme der noch flüssige Teig in der Pfanne verfestigt, erwärmt und duftend überbräunt wird. Er würde zwar das Mehl, die zugesetzte Milch, die Hefe und die Pfanne sehen und vielleicht sogar den leckeren Geruch des gebräunten Pfannkuchens wahrnehmen, aber trotz seiner vielen sinnlichen Anschauungen vermutlich nicht zu der Erkenntnis kommen: „Hier wird ein Pfannkuchen aus Hefeteig gemacht."

Denn alle sinnlichen Wahrnehmungen des Sehens, Riechens, Tastens und Hörens ergeben nach Kant für sich allein ohne Verstandesbegriffe noch keine Erkenntnis. Wenn wir sie nicht auf den Begriff bringen können, tappen wir trotz unserer vielfältigen sinnlichen Anschauungen im Dunkeln oder wie Kant selbst sagt:

[...] Anschauungen ohne Begriffe sind blind. [13]

Erst wenn wir unseren Denkapparat auf die Anschauungen anwenden, können wir das sinnlich Wahrge-

Kants Kerngedanke

nommene zu einer Erkenntnis formen. Wirkliche Erkenntnis benötigt immer beides, die Anschauungen einerseits und die Begriffe des Verstandes andererseits. Fehlt eine Seite, kommt keine Erkenntnis zustande.

So wären wir auch umgekehrt völlig hilflos, wenn wir nur den Begriff „Hefepfannkuchen" hätten, aber keine Anschauung dazu. Wenn man uns zum Beispiel nur den abstrakten Begriff „Naleschniki" ins Ohr flüstert, können wir unter Umständen keine sinnlichen Anschauungen damit verbinden, weder aktuell, noch aus der Erinnerung. Wir können mit dem bloßen Begriff ‚Naleschniki' nichts anfangen. Der Begriff bleibt in diesem Fall, wie Kant sagen würde, leer.

Begriffe ohne Inhalt sind leer [...]. [14]

Erst wenn man uns sagt, dass Naleschniki das polnische Wort für Pfannkuchen ist, und unser Denkapparat damit die sinnlich erlebte Anschauung einer leckeren Mehlspeise mit Zimt und Zucker verbindet, ergibt der Begriff einen Sinn. Erkenntnis ist deshalb für Kant ein Prozess, bei dem, wie er selbst sagt, ‚rohe sinnliche Eindrücke' mit Hilfe des Verstandes auf den Begriff' gebracht werden. Jede Erkenntnis muss deshalb zwei Standbeine haben, die Sinnlichkeit und den Verstand. Die folgende Grafik verdeutlicht Kants Konzept der menschlichen Erkenntnis:

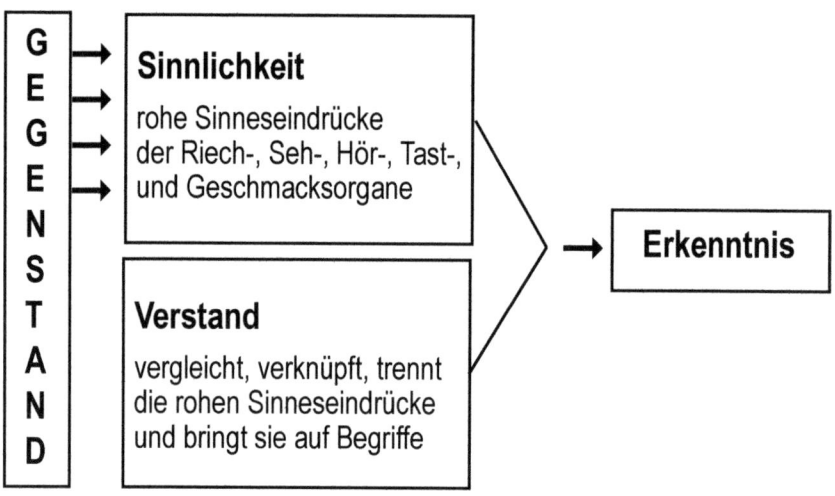

Wie dieser doppelte Erkenntnisprozess im Einzelnen funktioniert, beschreibt Kant auf Hunderten von Seiten in seiner ‚Kritik der reinen Vernunft'. Er beschreibt es nicht nur, er begründet auch, warum der Erkenntnisapparat gar nicht anders gedacht werden kann. Es geht ihm um die Bedingung der Möglichkeit von menschlicher Erkenntnis überhaupt. Kant stellt deshalb die Frage: Wie muss unser Denkapparat beschaffen sein, dass so etwas wie Wahrnehmung möglich ist? Diese Methode nennt er Transzendentalphilosophie.

Raum und Zeit

Jetzt wird es spannend. Kant zeigt uns nun detailliert, was in Bruchteilen von Sekunden alles in unserem Denkapparat ablaufen muss, damit am Ende so etwas wie Erkenntnis möglich wird:

> Dass alle unsere Erkenntnis mit der Erfahrung anfange, daran ist gar kein Zweifel; denn wodurch sollte das Erkenntnisvermögen sonst zur Ausübung erweckt werden, geschähe es nicht durch Gegenstände, die unsere Sinne rühren und teils von selbst

> Vorstellungen bewirken, teils unsere Verstandestätigkeit in Bewegung bringen, diese zu vergleichen, sie zu verknüpfen oder zu trennen, und so den rohen Stoff sinnlicher Eindrücke zu einer Erkenntnis der Gegenstände zu verarbeiten, die Erfahrung heißt? [15]

Kants Kerngedanke

Hier sagt Kant drei wichtige Dinge. Zum einen wiederholt er noch einmal, dass jede Erkenntnis ihren Ausgang von den Gegenständen nimmt, die unsere Sinne rühren, also von der sinnlichen Anschauung:

> [...] wodurch sollte das Erkenntnisvermögen sonst zur Ausübung erweckt werden, geschähe es nicht durch Gegenstände, die unsere Sinne rühren [...].[16]

Zweitens beschreibt er sehr schön die Arbeit unseres Denkapparates als eine ‚Verstandestätigkeit', die darin besteht, durch ‚Vergleiche, Verknüpfungen und Unterscheidungen' den rohen Stoff der sinnlichen Eindrücke zu verarbeiten und zu ordnen:

> [...] unsere Verstandestätigkeit [...], diese zu vergleichen, sie zu verknüpfen, oder zu trennen [...]. ¹⁷

Und drittens macht er am Ende noch eine interessante Ergänzung. ‚Erfahrungen', so Kant, sind nichts anderes als einfache Erkenntnisse:

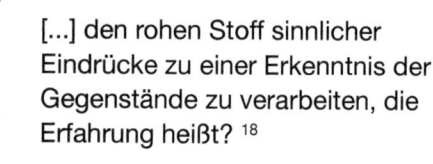

> [...] den rohen Stoff sinnlicher Eindrücke zu einer Erkenntnis der Gegenstände zu verarbeiten, die Erfahrung heißt? ¹⁸

Der Erkenntnisprozess findet also nicht nur im Wissenschaftsbetrieb statt, sondern auch ganz alltäglich in unseren Köpfen. Denn wir machen nahezu in jeder Minute Erfahrungen, etwa wenn wir morgens den Wecker hören, Kaffeeduft riechen, das Bett verlassen und nach dem Frühstück hektisch den Wohnungsschlüssel suchen, um zur Arbeit zu gehen. Selbst diese kleinen alltäglichen Erfahrungen sind Erkenntnisse. Unser Denkapparat oder wie Kant sagt, unser Erkenntnisvermögen ist nämlich jeden Augenblick aktiv und formt beständig aus dem rohen Stoff der sinnlichen Eindrücke kleine Erkenntnisse, indem er die Sinneseindrücke vergleicht, verknüpft oder trennt. So wird das morgendliche Rasseln und Klingeln vom Verstand mit verschiedenen Begriffen abgeglichen, voneinander getrennt und schließlich mit dem Begriff ‚Wecker' verknüpft. Aus dieser begrifflichen Erkenntnis wird sofort weiter geschlussfolgert, dass es Zeit zum Aufstehen ist.

Auch die anderen ‚rohen Sinneseindrücke' werden vom Denkapparat blitzschnell weiterverarbeitet. Es riecht nach etwas, es ist wohl der Geruch von heiß gebrühtem Kaffee, also ist wohl schon jemand in der Küche. Ich höre ein Zwitschern und verbinde das Geräusch mit dem Begriff Vögel. Die Vögel sind lauter als sonst. Ich bin von weißem Licht geblendet und erkenne nach einiger Zeit, dass der Vorhang einen Spalt geöffnet ist. Ich verbinde das helle Licht mit dem Begriff ‚Sonne'. Doch damit nicht genug. Mein Denkapparat rattert weiter und folgert kausal: Es muss wohl ein wolkenfreier Himmel sein, dass mich die Sonne so blendet, und die Vögel so übermütig zwitschern. Wenn sich das Wetter nicht ändert, wird es heute sehr heiß werden, also ziehe ich nur ein T-Shirt und kurze Hosen an.

Was ist in diesem Augenblick alles passiert? In Sekundenschnelle hat mein Denkapparat nach dem Aufwachen die rohen Ton-, Licht-, Geruchs- und Geräuschwahrnehmungen den vier Begriffen Wecker, Sonne, Kaffee und Vögel zugeordnet und daraus dann die Kausalreihe „früher Morgen, Vögel übermütig – Sonne blendet – warmer Tag – kurze Hose" gebildet. Wie ist das aber genau vor sich gegangen? Was kommt alles von außen ins Gehirn und wie wird es dort weiterverarbeitet? Wie werden aus rohen Sinneseindrücken einfache Gedanken und am Ende wissenschaftliche Erkenntnisse?

Alles fängt, so Kant, mit den rohen sinnlichen Eindrücken an. Zuerst höre, rieche oder sehe ich etwas. Hier stimmt Kant noch den Empiristen zu. Aber noch im selben Moment passiert etwas Zweites, das die Empiristen völlig übersehen haben. Ich stülpe nämlich über die Sinneseindrücke blitzschnell ein raum-zeitliches Raster und dieses Raster habe ich

Kants Kerngedanke

schon vorher, also a priori in meinem Kopf. Es ist selbst nicht, wie die Empiristen behaupten würden, in der Außenwelt vorfindbar, sondern befindet sich bereits vor aller Erfahrung in meinem Denkapparat. Sobald ich nämlich die Augen öffne, wende ich das vorgegebene Raster auch schon an. Ich zwinge alle Sinneseindrücke gnadenlos in ein räumliches und zeitliches Korsett. Ich sehe zum Beispiel direkt vor mir den Wecker stehen, einen Meter davon entfernt das Fenster und noch mal zehn Zentimeter davor den herunterhängenden Vorhang, der wiederum zwanzig Zentimeter geöffnet ist und einen Sonnenstrahl hereinlässt. Ich gruppiere also alle Dinge immer schon in Entfernungen, Abständen und als neben-, unter- oder übereinanderliegend:

> [...] damit ich sie als außer und neben einander, mithin nicht bloß verschieden, sondern als in verschiedenen Orten vorstellen könne, dazu muss die Vorstellung des Raumes schon zu Grunde liegen. [19]

Ebenso schnell ordnet mein Denkapparat alles in eine zeitliche Reihenfolge. Zuerst höre ich nur das Klingeln des Weckers und dann, wenn es verklungen ist, das Gezwitscher der Vögel. Fast gleichzeitig mit dem Vogelgezwitscher rieche ich nun den Duft des Kaffees und spüre noch mal einige Momente später die Sonnenstrahlen auf meinen halb geöffneten, blinzelnden Augen. Wir können gar nicht anders, so Kant, als die Dinge immer schon räumlich und zeitlich einzureihen, weil diese Art der Wahrnehmung unhintergehbar in unserem Denkapparat angelegt ist. Und da das Gefühl für Raum und Zeit schon vor aller Erfahrung a priori – also von vorneherein – in uns steckt, kann es nicht aus der empirischen Anschauung a posteriori – also im Nachhinein – entstanden sein. Das heißt, der Raum selbst ist nichts, das wir mit den Augen in der Außenwelt erkennen könnten, sondern er ist der gedankliche Vorstellungshorizont, auf dem die Dinge der Welt überhaupt erst sichtbar werden:

> Der Raum ist eine notwendige Vorstellung, a priori, die allen äußeren Anschauungen zu Grunde liegt. [20]

Kants Kerngedanke

Als Beweis für diese These schlägt Kant vor, einfach mal die Gegenprobe zu machen und zu versuchen, sich irgendeinen Gegenstand ohne räumliche Ausdehnung und ohne einen bestimmten Platz im Raum vorzustellen. Das ist, so Kant, völlig unmöglich. Ich kann mir zwar ein einzelnes Buch in einem Bücherregal, auf dem Tisch liegend, in einer großen Bibliothek oder auch im Weltraum schwebend vorstellen, aber eben doch immer nur in irgendeinem Raum. Den Raum selbst aber kann ich nie wegdenken:

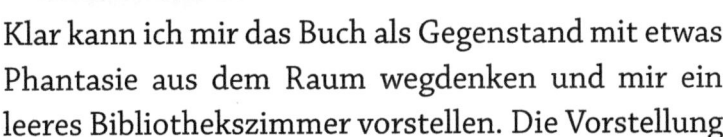

Man kann sich niemals eine Vorstellung davon machen, dass kein Raum sei, ob man sich gleich ganz wohl denken kann, dass keine Gegenstände darin angetroffen werden. [21]

Klar kann ich mir das Buch als Gegenstand mit etwas Phantasie aus dem Raum wegdenken und mir ein leeres Bibliothekszimmer vorstellen. Die Vorstellung vom Raum selbst bleibt aber auch da erhalten. Für seine These, dass unsere räumliche Wahrnehmung a priori ist, also ein abstraktes Raster, das wir von vorneherein über alle Gegenstände stülpen, bringt Kant noch viele weitere Argumente. So betont er immer wieder, dass man das räumliche Raster nur in sich selbst, aber niemals in der Außenwelt vorfinden kann:

> Der Raum ist kein empirischer Begriff [...]. [22]

Niemand ist beispielsweise in der Lage, so Kant, die Gesamtheit des Raumes empirisch zu sehen, in dem alle anderen konkreten Räume enthalten sind:

> [...] wenn man von vielen Räumen redet, so verstehet man darunter nur Teile des einen und desselben alleinigen Raumes. Diese Teile können [...] nur *in ihm* gedacht werden. [23]

Kants Kerngedanke

Wir können zwar einige konkrete Räume empirisch sehen, also zum Beispiel ein Zimmer oder auch einen ganzen Saal, ja sogar den riesigen Kuppelraum einer Kathedrale, aber niemals den Raum überhaupt, in dem sich alle wahrnehmbaren Kathedralen und Räume der Welt und des Universums anordnen. Unsere Raumvorstellung, innerhalb derer wir alle konkreten Raumeinheiten und Gegenstände der Außenwelt einreihen, ist selbst in der Außenwelt nicht mehr vorfindbar. Also muss unsere Raumvorstellung selbst a priori schon in uns sein.

Genau wie die Raumvorstellung ist nach Kant auch die Zeitvorstellung unabhängig von konkreten Sinneswahrnehmungen in unserem Denkapparat bereits integriert. Sie ist die Bedingung dafür, dass wir die Geschehnisse überhaupt in einem zeitlichen Verlauf von vorher und nachher einordnen können:

Die Zeit ist eine notwendige Vorstellung, die allen Anschauungen zu Grunde liegt [...]. [24]

Und ebenso, wie wir das räumliche Vorstellungsvermögen niemals abschütteln können, sind wir auch gezwungen, sämtliche Sinneseindrücke in einem Zeitkontext eingebettet wahrzunehmen. So ist es uns nach Kant unmöglich, auch nur einen einzigen Tag lang die Sinneseindrücke jenseits der Zeit - sozusagen zeitlos - wahrzunehmen:

[...] alle Gegenstände der Sinne, sind in der Zeit, und stehen notwendiger Weise in Verhältnissen zur Zeit. 25

An dieser Stelle macht Kant eine kleine, aber interessante Randbemerkung. Er weist darauf hin, dass wir Menschen in unseren Anschauungsformen von Raum und Zeit ein Leben lang gefangen bleiben. Deshalb können wir die Gegenstände niemals so sehen, wie sie für sich genommen wirklich sind, sondern immer nur so, wie wir sie unter dem Raster unserer raumzeitlichen Sinneswahrnehmung erkennen und rezipieren. Kant formuliert dies so:

Kants Kerngedanke

> Was es für eine Bewandtnis mit den Gegenständen an sich und abgesondert von all dieser Rezeptivität unserer Sinnlichkeit haben möge, bleibt uns gänzlich unbekannt. [26]

Das ‚Ding an sich', also wie ein Gegenstand ohne unser Wahrnehmungsraster aussieht, bleibt uns also für immer verborgen. Wir sehen die Gegenstände eben immer nur raumzeitlich geordnet:

> Wir kennen nichts, als unsere Art, sie wahrzunehmen, die uns eigentümlich ist, die auch nicht notwendig jedem Wesen, ob zwar dem Menschen zukommen muss. [27]

Andere Wesen, etwa die Bienen, sehen die Dinge vielleicht wieder ganz anders. So haben sie eine erheblich größere Farbpalette als die Menschen, eine viel feinere sinnliche Wahrnehmung für metallische Töne und können beispielsweise optisch feststellen, ob sich Nektar auf dem Fruchtstempel einer Blüte befindet. Aber auch die Bienen sehen die Blume immer nur so, wie es wiederum ihre apriorischen Anschauungsformen zulassen. Die Blume ‚an sich', wie sie vielleicht wirklich aussieht, bleibt sowohl den Bienen als auch den Menschen verborgen.

Für die Erkenntnis des Menschen spielt das aber letztlich keine Rolle. Da alle Menschen auf der Erde den gleichen Erkenntnisapparat mit den gleichen apriorischen Anschauungsformen von Raum und Zeit haben, teilen wir auch eine gemeinsame Sicht der Dinge und kommen zu gleichen Ergebnissen. Dieses wichtige Kapitel der Kritik der reinen Vernunft über Raum und Zeit hat Kant mit dem Titel ‚transzendentale Ästhetik' überschrieben. Ästhetik kommt vom griechischen Wort ‚aisthesis' und heißt schlicht und einfach ‚Wahrnehmung'. Transzendentale Ästhetik sagt Kant deshalb dazu, weil es ihm in diesem Kapitel um die Bedingung der Möglichkeit von sinnlichen Wahrnehmungen geht. Sein Ergebnis ist völlig klar: Ermöglicht wird die Wahrnehmung der sinnlichen

Reize durch unser apriorisches Vorstellungsvermögen von Raum und Zeit. Erst dieses apriorische Raster macht es möglich, dass wir die ‚rohen Sinneseindrücke' in einer genau bestimmten örtlichen und zeitlichen Abfolge wahrnehmen können.

Die Kategorien

Im nächsten Kapitel wird es noch spannender. Kant nennt es die ‚transzendentale Logik' vom griechischen Wort Logos, das soviel wie Vernunft, Verstand oder Denken heißt. Denn jetzt geht es ihm um die Bedingung der Möglichkeit der logischen Weiterverarbeitung der raumzeitlichen Sinneseindrücke. Jetzt kommt jener Teil des Denkapparats zum Einsatz, den Kant den Verstand nennt. Bisher hatten wir es ja nur mit der sinnlichen Wahrnehmung zu tun, die im Grunde automatisch abläuft, da alles Wahrgenommene ohne großes Zutun in ein raum-zeitliches Raster gepresst wird.

Jetzt aber stellt Kant die Frage, was mit den rohen raum-zeitlich geordneten Sinneseindrücken weiter passiert. Der Denkapparat schaltet sich ein und beginnt zu rattern, denn er muss nun das gesamte Rohmaterial der raumzeitlichen Sinneseindrücke blitzschnell verarbeiten und beurteilen. Die Sinne haben ihre Arbeit getan und helfen ihm nun nicht mehr weiter:

Man kann also zwar richtig sagen: dass die Sinne nicht irren, aber nicht darum, weil sie jederzeit richtig urteilen, sondern weil sie gar nicht urteilen. [28]

Die Sinne urteilen also noch gar nicht, sie liefern nur das Rohmaterial, etwa ein rasselndes Geräusch, danach einen Duft und Bruchteile von Sekunden später die blendende Helligkeit und das Zwitschern. Es ist allein der Verstand, der dann die entsprechenden Urteile fällt. Nur der Verstand kann und muss am Ende beurteilen, ob es sich bei dem lauten Rasseln um eine Klapperschlange, einen Schlüsselbund oder einen Wecker handelt:

Kants Kerngedanke

> Urteilskraft überhaupt ist das Vermögen, das Besondere als enthalten unter dem Allgemeinen zu denken. ²⁹

In unserem Beispiel könnte das Besondere, also das laute Rasseln zunächst auch als ‚enthalten' in der Allgemeinheit ‚Drohgebärde von Klapperschlangen' gedacht werden, die als Gattung in der Lage sind, mit dem Schwanz rasselnde Geräusche zu erzeugen, oder in der Allgemeinheit des Geräusches, das entsteht, wenn Metall aneinander schlägt wie etwa bei einem Schlüsselbund. Der Verstand könnte also auch zu dem Urteil kommen, dass es sich um eine Klapperschlange oder um einen Schlüsselbund handelt. Aber spätestens, nachdem wir die Augen geöffnet haben und die besondere Form des Weckers sehen, die Zahlen und die Zeiger, gelingt dem Verstand die Zuordnung unter die Allgemeinheit ‚Wecker'.

Wie aber kommen solche Zuordnungen und Beurteilungen im Kopf zustande? Was heißt es eigentlich, zu denken? Kant definierte unsere Verstandestätigkeit

47

als ein „Vergleichen, Verknüpfen und Trennen" der Sinneseindrücke. Wie aber schafft es der Verstand, das Chaos der Sinneseindrücke so schnell zu erfassen, zu vergleichen, zu verknüpfen oder zu trennen? Wie kommen wir zu einem Urteil? Kants Antwort ist kurz und prägnant: Mit Hilfe der Kategorien. Jeder Mensch verfügt über genau zwölf verschiedene Denkkategorien, mit denen er das ganze Chaos der sinnlichen Eindrücke in Sekundenschnelle ordnet und zu vier verschiedenen Arten von Urteilen kommt:

> Wenn wir von allem Inhalte eines Urteils überhaupt abstrahieren, und nur auf die bloße Verstandesform darin Acht geben, so finden wir, dass die Funktion des Denkens in demselben unter vier Titel gebracht werden könne, deren jeder drei Momente unter sich enthält. Sie können füglich in folgender Tafel vorgestellt werden. [30]

Die nun folgende berühmte Tafel der vier Urteile und der zwölf Kategorien ist ein Meilenstein der Erkenntnistheorie und löst bis heute Diskussionen aus. Kant hat sie zu einem Teil von Aristoteles übernommen und folgt damit der langen Tradition der Aufstellung der logischen Möglichkeiten des menschlichen Denkens seit der Antike. Unter den Überschriften der vier Urteilsformen, der Quantität, Qualität, Relation und Modalität, listet er akribisch die zwölf Kategorien auf:

1. Quantität
Einheit
Vielheit
Allheit

2. Qualität
Realität
Negation
Limitation

3. Relation
der Inhärenz und Subsistenz
der Kausalität und Dependenz
der Gemeinschaft

4. Modalität
Möglichkeit – Unmöglichkeit
Dasein – Nichtsein
Notwendigkeit – Zufälligkeit [31]

Kant glaubte mit diesem Verzeichnis alle Kategorien und Urteilsformen vollständig erfasst zu haben, in denen wir Menschen jeden Tag denken. Diese zwölf Kategorien und die entsprechenden vier Urteilsformen sind also die entscheidenden und die einzigen Werkzeuge, mit deren Hilfe unser Denkapparat aus den rohen Sinneseindrücken präzise Erkenntnisse herausmeißelt:

Dieses ist nun die Verzeichnung aller ursprünglich reinen Begriffe der Synthesis, die der Verstand a priori in sich enthält [...]. 32

Synthesis heißt übersetzt Zusammenschau oder Vereinheitlichung und das ist auch die Hauptaufgabe der Kategorien: die Zusammenschau der verschiedenen sinnlichen Eindrücke unter Begriffen zu ermöglichen. Der Verstand bedient sich also der Kategorien, um mit ihrer Hilfe eine Zusammenschau aller Sinneseindrücke zustande zu bringen und so zu Urteilen zu kommen.

Kants Kerngedanke

Damit wäre eigentlich der komplette Prozess der Erkenntnis beschrieben. Kant weist in einem weiteren Kapitel, der sogenannten ‚transzendentalen Deduktion' noch darauf hin, dass bei dem gesamten Vorgang des Erkennens natürlich immer auch ein denkendes Subjekt beteiligt ist, welches diese Erkenntnisse generiert. Und dieses Subjekt, also der wahrnehmende und denkende Mensch, ordnet nicht nur die sinnlichen Empfindungen mit Hilfe der Kategorien, sondern bezieht alle Denkvorgänge immer auch auf sich selbst.

Das: Ich denke, muss alle meine Vorstellungen begleiten können. [33]

Von Anfang an werden alle meine Anschauungen und alle aus den Kategorien hervorgehenden Urteile

51

immer schon auf das ‚Ich denke' bezogen, also zu mir und meinem Selbstbewusstsein in Beziehung gesetzt.

Denn die mannigfaltigen Vorstellungen, die in einer gewissen Anschauung gegeben werden, würden nicht insgesamt *meine* Vorstellungen sein, wenn sie nicht insgesamt zu einem Selbstbewusstsein gehörten [...]. [34]

Fassen wir zusammen: Jede Erkenntnis erfolgt in zwei Stufen. Zuerst werden rohe Sinneseindrücke, also Geräusche, Gerüche, Geschmäcke und Bilder mit dem apriorischen raumzeitlichen Raster wahrgenommen und in eine örtliche und zeitliche Reihenfolge von ‚da und dort, vorher und nachher' gebracht. Als nächstes werden die rohen raumzeitlichen Empfindungen in einem zweiten Schritt mit Hilfe der Kategorien beurteilt, auf den Begriff gebracht und miteinander verbunden, verknüpft oder voneinander unterschieden, wobei alle Vorgänge immer schon zu mir als denkendem Subjekt in Beziehung stehen.

Kants Kerngedanke

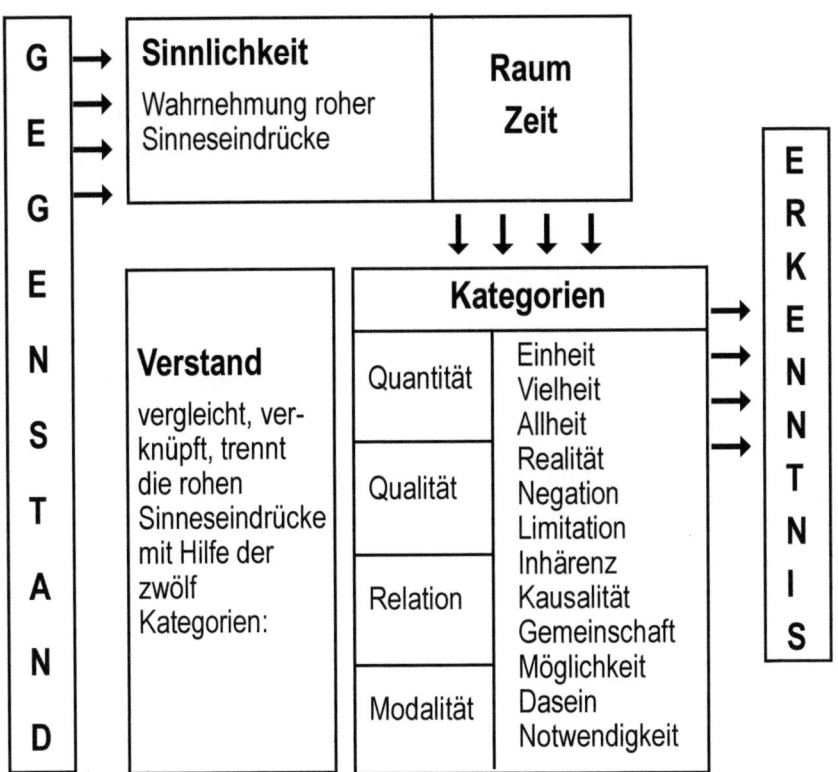

Kategorien auf der Autobahn

Die tatsächlichen Funktionen der Kategorien in unserem Denkapparat sind zunächst schwer zu verstehen. Kant selbst gibt kein einziges Beispiel. Er entschuldigt dies damit, dass er sein ohnehin sehr umfangreiches Buch durch Beispiele nicht noch mehr aufblähen wollte. Deshalb stöhnen seit jeher ganze Generationen von Philosophiestudenten, wenn sie die konkrete Bedeutung der Kategorien für die Erkenntnis erklären sollen. Es stellt sich tatsächlich die Frage: Wie kann ich mit Hilfe der zwölf hölzern klingenden Kategorien der Einheit, Vielheit, Allheit, Realität, Negation, Limitation, Inhärenz, Gemeinschaft, Möglichkeit/Unmöglichkeit, Dasein/Nichtsein, und Notwendigkeit/Zufälligkeit am Ende zu Urteilen und Erkenntnissen kommen? Was ist unter den dazugehörigen vier Urteilsformen der Quantität, der Qualität, der Relation und der Modalität eigentlich zu verstehen? Und wie funktioniert der Syntheseprozess?

Die Anwendung der Kategorien ist, wenn Kant Recht hat, ein notwendiger und fester Bestandteil unseres Erkenntnisvermögens und muss daher auch im Alltag jederzeit verlässlich und mit großer Selbstverständlichkeit funktionieren. Die Anwendung der

Kategorien durch unseren Verstand soll deshalb im Folgenden exemplarisch an einer Alltagssituation gezeigt werden. Versetzen wir uns in folgende Situation: Wir fahren auf der Autobahn auf der linken Spur mit hoher Geschwindigkeit. Da sehen wir plötzlich einen Gegenstand auf der Fahrbahn liegen, braunrot und circa vierzig Zentimeter groß, ohne klare Umrisse. Wir erschrecken und sofort schießen uns tausend Gedanken durch den Kopf. Was könnte das sein? Ist das Ding gefährlich? Welche *Qualität, Quantität, Relation und Modalität* hat es? Wie sollen wir reagieren? Unser Verstand arbeitet auf Hochtouren. Blitzschnell legen wir alle unsere zwölf Kategorien über den Gegenstand, um ihn zu beurteilen und entsprechend zu reagieren.

Einheit: Dieses Ding gehört als Einheit zu den braunroten Gegenständen.

Vielheit: Viele Holzklötze und Holzkisten sind braunrot. Viele Ziegelsteine sind braunrot. Es könnte ein Holzklotz oder Ziegelstein sein.

Allheit: Alle Holzklötze sind schwer und massiv. Alle Ziegelsteine sind schwer und massiv!

→ **Erstes Urteil:** Die *Quantität* des Dinges ist beträchtlich und gefährlich.

Realität: Das Ding auf der Straße misst etwa 40 x 20 Zentimeter.

Negation: Das Ding auf der Straße kann nicht einfach überrollt werden.

Limitation: Das Ding auf der Straße gehört da nicht hin.

→ **Zweites Urteil:** Das Ding hat die *Qualität* eines massiven Hindernisses.

Inhärenz und Subsistenz: Der schweren Substanz des Dinges ist inhärent, Windschutzscheiben zu durchschlagen.

Kausalität und Dependenz: Wenn ich jetzt nicht bremse oder ausweiche, verursacht der Ziegelstein oder Holzklotz eine lebensgefährliche Wirkung auf mein Fahrzeug und mich.

Gemeinschaft – Wechselwirkung: Meine schnelle Fahrt und das schwere Ding ergeben zusammen eine noch größere Härte des Aufpralls.

→ **Drittes Urteil:** Die *Relation*, also eine Beziehung des Dinges zum Auto und mir ist in hohem Maße gegeben und hat Auswirkungen auf mich.

Möglichkeit – Unmöglichkeit: Es wäre möglich, dass der Gegenstand hochgeschleudert wird, mich trifft oder hochgeschleudert wird und nicht trifft. Es ist aber nicht unmöglich, dass er mich trifft.

Dasein – Nichtsein: Kein Zweifel, das Ding ist da, es versperrt den Weg.

Notwendigkeit – Zufälligkeit: Es ist notwendig, auf das Hindernis zu reagieren, zu bremsen oder die Fahrbahn zu wechseln und es nicht dem Zufall zu überlassen.

→ **Viertes Urteil:** Die *Modalitäten* sind so, dass ich mich nicht auf den Zufall verlassen darf.

Die Erkenntnis wird immer klarer, wir müssen eine Vollbremsung machen oder ausweichen. Doch dicht hinter und neben uns befinden sich weitere Autos in schneller Fahrt. Während wir noch mit der Vollbremsung zögern, kommt der Gegenstand auf der Straße rasend schnell näher. Und siehe da, er bewegt sich auf einmal von links nach rechts. In Bruchteilen von einer Sekunde jagen wir deshalb noch einmal vier der zwölf Kategorien über den Gegenstand und verarbeiten die Einzelurteile blitzschnell zu einer neuen Erkenntnis.

Einheit: Das 40 cm lange Ding gehört als Einheit zu den braunroten Gegenständen, die sich von links nach rechts bewegen.

Vielheit: Viele kleine Tiere sind braunrot. Viele kleine Tiere können sich bewegen. Viele Hasen, Eichhörnchen und Füchse sind braunrot.

Allheit: Alle Tiere haben Körper.

Kausalität: Wenn der Hase, das Eichhörnchen oder der Fuchs die Fahrbahn noch rechtzeitig überquert, muss ich nicht bremsen.

Ein Tier also! Wir kneifen die Augen zusammen, gehen vom Gas und hoffen, dass es die Fahrbahn rechtzeitig wieder verlässt. Aber irgendetwas passt nicht. Es kommen beharrlich Fehlermeldungen von den Kategorien: Alle Hasen hoppeln! Alle Füchse und Eichhörnchen springen und haben einen markanten Schweif. Das Tier auf der Fahrbahn ist aber fast viereckig, hoppelt nicht und hat keinen Schweif. Es ist wie verhext, die typischen Merkmale wollen einfach nicht zu dem Ding auf der Straße passen. Wir erinnern uns an Kant:

Kants Kerngedanke

> Etwas als ein Merkmal mit einem Dinge vergleichen heißt urteilen. Das Ding selber ist das Subjekt, das Merkmal das Prädikat. [35]

Das Ding auf der Straße ist also das Subjekt, hoppeln das Prädikat beziehungsweise das Merkmal. Das Ding hoppelt aber nicht, es bewegt sich überhaupt nicht wie ein Tier. Die Merkmale beziehungsweise Prädikate, die ich ihm geben will, stimmen einfach nicht mit dem Subjekt überein. Ist mein Urteil falsch? Während wir das Urteil hektisch überdenken, beginnt das Ding plötzlich von der Fahrbahn aufzusteigen. Es hebt ab und fliegt in der Luft hin und her. Ein drittes und letztes Mal wenden wir unter höchster Anspannung unsere Kategorien auf die neue sinnliche Wahrnehmung an.

Einheit: Das Ding gehört als Einheit zu den braunroten Gegenständen, die fast viereckig sind, sich von links nach rechts bewegen und in der Luft hin- und herfliegen.

Vielheit: Viele Vögel sind braunrot. Viele Papiertüten sind braunrot.

Allheit: Alle Vögel können auffliegen. Alle Papiertüten können aufgewirbelt werden

Realität: Das fliegende Ding ist 40 Zentimeter und viereckig.

Negation: Kein Vogel ist 40 cm und viereckig. Das Ding auf der Strasse ist kein Vogel.

Limitation: Die Papiertüte gehört nicht auf die Straße

Kausalität: Wenn eine Papiertüte vom Wind erfasst wird, kann dies die Ursache dafür sein, dass sie bei wechselndem Wind hin und herfliegt.

Inhärenz und Subsistenz: Der Papiertüte ist es inhärent, dass ihre Substanz wenig Masse enthält und sie aufgrund ihrer Leichtigkeit aufgewirbelt werden kann.

Möglichkeit – Unmöglichkeit: Es wäre möglich, dass die Tüte vom Auto erfasst, auf die Scheibe gedrückt wird und kurz die Sicht versperrt. Es ist aber unmöglich, dass sie die Scheibe durchschlägt.

Notwendigkeit – Zufälligkeit: Es besteht keine Notwendigkeit auszuweichen oder eine Vollbremsung zu

Kants Kerngedanke

machen. Es ist unwahrscheinlich, dass wir sie aufgabeln. Falls sie doch zufällig die Scheibe trifft und die Sicht versperrt, können wir notfalls den Scheibenwischer einschalten.

Was für eine beruhigende und wunderbare Erkenntnis. Es ist nur eine in der Luft tanzende Papiertüte! Fassen wir zusammen: Wir sind in Bruchteilen von Sekunden durch die wiederholte Anwendung der Kategorien zu drei verschiedenen Erkenntnissen gekommen. Zuerst haben wir den Gegenstand als Holzklotz, Holzkiste oder Ziegelstein beurteilt, dann als laufendes Tier und schließlich als harmlose Papiertüte. Am Ende atmen wir entspannt auf - dank unserer zwölf Kategorien, die uns auch im Stress nicht im Stich gelassen haben.

Was sind nun aber Kategorien? Wie sind diese seltsamen Werkzeuge des Verstandes beschaffen und vor allem - wo kommen sie her? Wie sind sie entstanden? Haben schon die Steinzeitmenschen mit ihnen gearbeitet oder haben sich die Kategorien erst im Laufe der Evolution herausgebildet?

Als gründlicher Geist, der alles zu Ende denkt, stellt sich auch Kant diese Frage. Überraschenderweise aber gibt er an dieser Stelle zu, dass nicht mal er selbst über eine genaue Definition dieser Kategorien verfügt und auch über ihre Herkunft und Entstehung nichts sagen kann:

> Der Definitionen dieser Kategorien überhebe ich mich in dieser Anhandlung geflissentlich, ob ich gleich im Besitz derselben sein möchte. [36]

Wenn wir auch nicht wissen, woher die Kategorien kommen, so wissen wir nach Kant doch mit absoluter Sicherheit, dass es sie gibt und geben muss. Denn ohne sie könnten wir den rohen Stoff der vielen alltäglichen Gerüche, Geräusche und optischen Wahrnehmungen niemals ordnen und zu Urteilen und Erkenntnissen verarbeiten. Die Kategorien sind also transzendentalphilosophisch betrachtet notwendige Verstandesbegriffe, also reine Werkzuge des Denkapparates, die es uns erst ermöglichen, Abertausende sinnlicher Anschauungen auf den Begriff zu bringen:

Kants Kerngedanke

> Alle sinnlichen Anschauungen stehen unter den Kategorien, als Bedingungen, unter denen allein das Mannigfaltige derselben in einem Bewusstsein zusammenkommen kann. [37]

Kant spricht angesichts der Kategorien von reinen Verstandesbegriffen, da sie vor jeder empirischen Erfahrung schon in uns angelegt sein müssen. Die Kausalität beispielsweise ist genau wie die anderen elf Kategorien nicht am sinnlich wahrnehmbaren Gegenstand selbst zu erkennen, sondern wird erst von unserem Verstand wie ein Stempel den Anschauungen aufgedrückt. So sehen wir die Papiertüte in der Luft fliegen und wir hören den Wind pfeifen. Dass aber die Tüte wegen des Windes hin und herfliegt und somit die beiden Momente ‚Wind' und ‚Tüte' in einem Ursache-Wirkungszusammenhang stehen, ist allein die Leistung unseres Verstandes, der die Kategorie der ‚Kausalität' über beide Anschauungen legt und sie dadurch miteinander verbindet.

Erkenntnis als Zusammenspiel von Anschauung und Denken

Die Feststellung, dass es sich bei den Kategorien um reine Verstandesbegriffe handelt, ist Kant deshalb so wichtig, weil er damit auch die Möglichkeit physikalischer Theorien erklärt. Physiker, so Kant, machen nämlich nichts anderes, als die abstrakten apriorischen Kategorien in unserem Verstand zu nützen, um damit komplexe Theorien zu bilden. Sie kommen allein durch Verstandesüberlegungen zu Aussagen, die unser Wissen bereichern.

Geht das überhaupt? Gibt es synthetische Urteile a priori, die also jenseits von sinnlichen Eindrücken vor aller Erfahrung gewonnen werden? Kant beantwortet diese Frage zunächst mit ‚Ja'. Denn tatsächlich können Physiker allein mit Hilfe der reinen Kategorien wissenschaftliche Theorie- und Gedankenmodelle aufstellen, die sie erst danach auf die Natur übertragen und mit Experimenten und Messungen überprüfen. Insbesondere die Kategorie der Kausalität spielt dabei eine herausragende Rolle, da sie zur Aufstellung und Erforschung von Naturgesetzen oft als Hypothese verwendet wird. Physiker suchen nämlich bei ihren Forschungen in der Natur fast immer nach Ursache-Wirkungszusammenhängen. Dabei ist die Idee der Kausalität zuerst mal nur im Kopf des Physikers und wird dann in die Natur hineingelegt.

Der Physiker will beispielsweise erforschen, ob man bei gleichbleibender Hitze verschiedene Gegenstände unterschiedlich schnell zum Schmelzen bringen kann. Er kann sich nun zuerst allein mit Hilfe der abstrakten Kategorien der Substanz, Kausalität und Wechselwirkung ein logisches Gesetz ausdenken, wonach zu erwarten ist, dass Gegenstände mit weicher organischer Struktur eventuell schneller schmelzen als hochverdichtete Gegenstände mit anorganischer fester Struktur. Diese angenommene Gesetzmäßigkeit gewinnt er also zunächst allein durch die apriorischen Kategorien der Logik. Erst dann erhitzt er exemplarisch Pflanzenfett, Bienenwachs, Zinn und Eisen, um sein Gesetz zu überprüfen, und findet dann seine Hypothese bestätigt, dass hochverdichtete Stoffe erst zu einem späteren Zeitpunkt schmelzen.

Der Mensch ist also zuerst immer selbst der Gesetzgeber der Natur und überprüft dann die Vorgänge in seinem Sinne in der Natur. Deshalb sagt Kant provokativ, dass sich unsere Erkenntnis nicht nach den Gegenständen richtet, sondern umgekehrt der Gegenstand nach unserer Erkenntnis. Kant bezeichnet seine Entdeckung der kategorialen Tätigkeit unseres Denkapparates, mit der wir die Natur und die Gegenstände nach logischen Gesetzen beurteilen, als kopernikanische Wende:

> Es ist hiermit eben so, als mit den ersten Gedanken des Kopernikus bewandt, der, nachdem es mit der Erklärung der Himmelsbewegungen nicht gut fort wollte, wenn er annahm, das ganze Sternenheer drehe sich um den Zuschauer, versuchte, ob es nicht besser gelingen möchte, wenn er den Zuschauer sich drehen, und dagegen die Sterne in Ruhe ließ. [38]

Ähnlich wie Kopernikus sich eingestehen musste, dass die Bewegung der Sterne durch das Vorurteil des Menschen, unbewegt im Mittelpunkt zu stehen, lange falsch beurteilt wurde, müssen auch wir uns eingestehen, dass wir immer wieder Vorstellungen über die Wirklichkeit stülpen, die dieser nicht unbedingt entsprechen.

Egal, ob wir Physiker oder Laien sind, es muss uns immer klar sein, dass wir es sind, die mit Hilfe der Kategorien eine Theorie aufstellen und sie dann auf die Planeten oder die sonstige Natur anwenden und anschaulich überprüfen.

So gesehen leistet der apriorische Verstand zwar eine ganze Menge Vorarbeit. Allerdings muss jede Theorie, und das ist Kants Forderung an die Wissenschaft, immer auch mit empirischen Anschauungen belegt werden, sonst kommt sie zu keiner wirklichen Erkenntnis. Man kann zwar mit Hilfe der Kategorien logisch gut durchdachte Hypothesen aufstellen, aber man muss sie dann auch in der Realität anschaulich machen können. Synthetische Urteile a priori, also künstlich aus den reinen Verstandeskategorien hergeleitete Einsichten und Gesetze, sind zwar möglich, aber noch keine gesicherte Erkenntnis.

Erkenntnis ist bei Kant immer nur das Zusammenspiel von sinnlicher Anschauung und Verstand. Hätten wir nur die sinnlichen Eindrücke, würden wir im Chaos der unendlich vielen Reize ertrinken. Hätten wir nur den ordnenden und synthetisierenden Verstand mit seinen Kategorien, würden wir uns in abstrakter Spekulation verlieren:

Denn man muss wissen, dass alle Erfahrung zwei Enden habe, bei denen man sie fassen kann, das eine a priori das andere a posteriori. [39]

Was für die Physik gilt, gilt auch für die Mathematik. Dank der apriorischen Anschauungsformen von Raum und Zeit kann der Mathematiker eine ganze Reihe von synthetischen Urteilen a priori zustande bringen. So ist es beispielsweise möglich, allein aufgrund des in unserem Kopf bereits a priori vorhandenen räumlichen Vorstellungsvermögens den Satz aufzustellen, dass die Gerade die kürzeste Verbindung zweier Punkte ist. Aber auch solche synthetische Urteile der Geometrie sind noch keine wirklichen Erkenntnisse. Sie sind, wie alles in der Mathematik letztlich, so Kant, nur formal richtig und gelten auch nur der Form nach:

Kants Kerngedanke

> Ob es Dinge geben könne, die in dieser Form angeschaut werden müssen, bleibt doch dabei noch unausgemacht. Folglich sind alle mathematischen Begriffe für sich nicht Erkenntnisse [...]. [40]

Auch wenn man eine Kugel als idealen geometrischen Körper mathematisch berechnen kann, heißt das noch lange nicht, dass es in der Natur tatsächlich einen solchen Körper gibt oder irgendetwas exakt in dieser Form angeschaut und erkannt werden kann. Zur Erkenntnis gehört neben dem apriorischen Verstandesurteil immer auch die sinnliche Anschauung.

Im dritten großen Kapitel der ‚Kritik der reinen Vernunft', der transzendentalen Dialektik, beschreibt Kant dann noch die sogenannten ‚Antinomien'. Das sind nicht auflösbare Widersprüche, in die sich die Vernunft verwickelt, wenn sie Erkenntnisse ohne sinnliche Anschauungen erzwingen will:

> So enthält die reine Vernunft [...] nichts als regulative Prinzipien, die [...] wenn man sie aber missversteht, und sie für konstitutive Prinzipien transzendenter Erkenntnisse hält, durch einen zwar glänzenden aber trügerischen Schein [...] ewige Widersprüche und Streitigkeiten hervorbringen. 41

Aufgrund dieser Widersprüche muss sich die Vernunft am Ende ihre Grenzen selbst eingestehen.

> Es ist demütigend für die menschliche Vernunft, dass sie in ihrem reinen Gebrauch nichts ausrichtet [...]. 42

Der reine Gebrauch der Vernunft, ohne jeden Erfahrungsanteil, wie er beispielsweise in der Theologie bei Gottesbeweisen vorkommt, führt nicht zu Wissen, sondern nur zu Spekulation und ist, daran lässt Kant keinen Zweifel, völlig wertlos:

> Ich behaupte nun, dass alle Versuche eines bloß spekulativen Gebrauchs der Vernunft in Ansehung der Theologie gänzlich fruchtlos und ihrer inneren Beschaffenheit nach null und nichtig sind. [43]

Somit gelangt Kant am Ende der Kritik der reinen Vernunft zu einem beinharten Ergebnis. Als erster Philosoph der abendländischen Geschichte weist er nach, dass sich Gott dem menschlichen Erkenntnisvermögen komplett entzieht.

Gott kann man nicht erkennen

Gott hat keine Anschauung, denn niemand hat ihn je gesehen. Mit den Möglichkeiten der Vernunft, die auf sinnliche Anschauung angewiesen bleibt, kann man weder erkennen, dass es ihn gibt, noch dass es ihn nicht gibt. Seine Existenz ist prinzipiell nicht erfahr- und beweisbar. Darüber setzt sich die Kirche allerdings zum Unbehagen Kants seit Jahrhunderten stillschweigend hinweg. Sie verlangt von den Gläubigen sogar, Gott zu lieben, wie man ein existierendes Wesen liebt. Kant sieht dies als eine unvernünftige Überforderung der Gläubigen an:

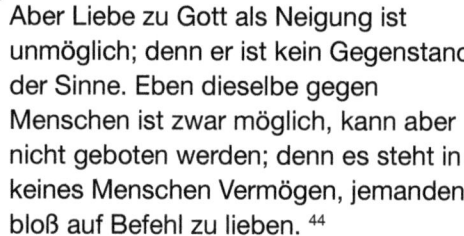

Aber Liebe zu Gott als Neigung ist unmöglich; denn er ist kein Gegenstand der Sinne. Eben dieselbe gegen Menschen ist zwar möglich, kann aber nicht geboten werden; denn es steht in keines Menschen Vermögen, jemanden bloß auf Befehl zu lieben. [44]

Kant wollte als rationaler Denker in der Kirche keine Gebete nachsprechen, in denen von unbefleckter

Kants Kerngedanke

Empfängnis und anderen irrationalen Dingen die Rede war, die keine sinnliche Anschauung und nachvollziehbare innere Logik hatten. So vermied er es hartnäckig, Gottesdienste zu besuchen und ließ sich auch als Rektor der Universität nur in Ausnahmefällen bei offiziellen Anlässen zu Kirchenbesuchen überreden. Auch religiöse Rituale sah er mit großer Skepsis:

> In der Religion überhaupt scheint Niederwerfen, Anbetung mit niederhängendem Haupte, mit zerknirschten angstvollen Gebärden und Stimmen, das einzig schickliche Benehmen in Gegenwart der Gottheit zu sein, welches daher auch die meisten Völker angenommen haben [...]. ⁴⁵

Hier spürt man deutlich Kants aufklärerischen Geist, dem es um die Befreiung der Menschen aus der selbstverschuldeten Unmündigkeit ging. Er wünschte sich aufrechte Bürger, die alles kritisch hinterfragen. Das Ergebnis der ‚Kritik der reinen Vernunft' lässt bezüglich der Religion keinen Zweifel aufkommen. Da jede vernünftige Erkenntnis auf das Zusammenspiel von sinnlicher Anschauung auf der einen Seite und apriorisch wirkenden Verstandeskategorien auf der anderen Seite angewiesen ist, kann man weder Gott, noch die Unsterblichkeit der Seele, noch Gut und Böse erkennen.

Damit aber hat Kant nicht nur die Theologie als Wissenschaft unmöglich gemacht, sondern auch die Philosophie, insofern sie sich mit metaphysischen Themen befasst. Eigentlich hätte Kant an dieser Stelle auch sein eigenes philosophisches Werk beenden müssen. Doch erstaunlicherweise schlägt er noch einmal einen Haken. Der Mensch, so Kant, ist nämlich von seiner Natur her dazu veranlagt, Fragen stellen zu müssen, die er mit seiner Vernunft gar nicht beantworten kann:

Die menschliche Vernunft hat das besondere Schicksal [...], dass sie durch Fragen belästigt wird, die sie nicht abweisen kann, denn sie sind ihr durch die Natur der Vernunft selbst aufgegeben, die sie aber auch nicht beantworten kann; denn sie übersteigen alles Vermögen der menschlichen Vernunft. 46

Kants Kerngedanke

Solche Fragen sind nicht nur Fragen nach Gott oder dem Weiterleben nach dem Tode, sondern vor allem nach der Gerechtigkeit oder der Existenz der menschlichen Willensfreiheit. Gibt es Willensfreiheit? Gibt es gerechte Gesetze? Gibt es sittlich gutes Handeln und worin besteht es? Auch hier gibt es eigentlich im Sinne von Kants Erkenntniskritik keine verlässliche Antwort. Denn Gerechtigkeit, Moral, Gut und Böse kann man wissenschaftlich nicht erkennen, da sie keine Anschauung haben. Weder kann man ‚Gerechtigkeit' sehen, noch kann man ihre Substanz riechen oder schmecken. Da die sinnliche Anschauung fehlt, kann man allein mit Hilfe der noch verbleibenden theoretischen Vernunft zu keiner Erkenntnis kommen.

Dennoch, so Kant, muss jede Gesellschaft auch diese theoretisch unlösbaren Fragen in praktischer Absicht beantworten. Und tatsächlich werden diese Fragen auch immer schon auf die ein oder andere Weise beantwortet. Seit frühester Zeit gibt es zum Beispiel Tabus, Regeln, Bräuche, Traditionen und Gesetze. Gerade die Gesetzgebung hat sehr direkte und praktische Folgen für die Bürger eines Staates. Doch jetzt macht Kant etwas Unerwartetes. Nachdem er in der ‚Kritik der reinen Vernunft' auf über tausend Seiten nachgewiesen hat, dass die Vernunft nicht in der Lage ist, unsichtbare Ideen und Ideale zu erkennen, sagt er nun, dass der Mensch sich trotzdem mit diesen Fragen beschäftigen muss. Der Mensch muss nach moralischer und ethischer Handlungsorientierung fragen, obwohl die Vernunft - dabei bleibt er - in diesem Bereich zu keinerlei sicheren Erkenntnissen kommen kann.

Was soll ich tun?
Die Kritik der praktischen Vernunft

Kant nennt sein zweites großes Werk deshalb ‚die Kritik der praktischen Vernunft.' Er untersucht darin, ob man in praktischer Absicht Grundsätze aufstellen kann, die für das Zusammenleben der Menschen praktisch notwendig und gut sind, auch wenn man sie erkenntnistheoretisch nicht beweisen kann. Er unterscheidet jetzt also zwischen der theoretischen und der praktischen Vernunft. Die Vernunft hat nämlich zwei Seiten, oder man könnte auch sagen zwei Funktionen: eine erkenntnistheoretische und eine praktisch-ethische. Die theoretische Vernunft fragt immer nur nach gesicherter Erkenntnis. Die praktische Vernunft hat hingegen die Aufgabe, moralische Grundsätze oder sogar Gesetze herzulei-

Kants Kerngedanke

ten, die, obwohl nicht beweisbar, dennoch unbedingte Gültigkeit beanspruchen können.

Unter praktischer Vernunft versteht Kant demnach alles, was als notwendig gedacht werden muss, auch wenn es jenseits der Grenzen der reinen Vernunft angesiedelt ist. Bereits in der Kritik der reinen Vernunft bereitet Kant den Aufbruch in das Reich der praktischen Vernunft vor. Er macht nämlich eine terminologische Unterscheidung, die er fortan beibehält. Er unterscheidet zwischen Verstand und Vernunft. Mit Verstand bezeichnet er jetzt nur mehr die geregelten Tätigkeiten des Denkapparates, die zu gesicherter Erkenntnis führen, also die Anwendung der Kategorien, die Synthetisierung und die abschließende Urteilsfindung. Mit Vernunft bezeichnet er alle darüber hinausgehenden Aktivitäten des Denkapparates, die sich auf rein gedachte Prinzipen richten:

> Wir erklärten [...] den Verstand durch das Vermögen der Regeln; hier unterscheiden wir das Vermögen der Vernunft von demselben dadurch, dass wir sie das Vermögen der Prinzipien nennen wollen. [47]

Die praktische Vernunft muss sich also über die reine Verstandestätigkeit hinaus, also über die Begriffs- und Urteilsfindung mittels der Kategorien hinausgehend mit letzten Prinzipien beschäftigen. Dabei geht es Kant um ein für alle verbindliches ethisches Prinzip, das uns sagt, wie wir im Leben richtig handeln. Geht das überhaupt? In jeder Situation benötigt man doch ganz verschiedene Strategien des Handelns. Kann es ein einziges Prinzip geben, das für jedermann zu jeder Zeit gilt und immer anwendbar ist?

Kants Antwort ist ein klares „Ja!". In seinen beiden Ethik-Büchern ‚Kritik der praktischen Vernunft' und ‚Grundlegung zur Metaphysik der Sitten' entwickelt er tatsächlich ein ethisches Konzept, das jenseits aller konkreten Situationen und Erfahrungen anwendbar ist. Ein universelles Prinzip des korrekten Handelns, das unter dem Namen ‚kategorischer Imperativ' weltberühmt geworden ist. Von Kant wurde es auf die kurze und brillante Formulierung gebracht:

Handle so, dass die Maxime deines Willens jederzeit zugleich als Prinzip einer allgemeinen Gesetzgebung gelten könnte. [48]

Maxime nennt Kant dabei den individuellen Grundsatz, nach dem wir unser Handeln ausrichten, also den Handlungsgrundsatz. Der kategorische Imperativ lautet also übersetzt: Handle so, dass der Handlungsgrundsatz deines Willens jederzeit auch der Handlungsgrundsatz für alle anderen Menschen sein könnte, oder noch einfacher ausgedrückt: Handle so, dass dein Handeln zum Vorbild für das Handeln aller werden kann.

Mit dem kategorischen Imperativ, so behauptet Kant, habe er ein universalverbindliches Prinzip moralischer Orientierung geschaffen. Jeder Mensch kann es in jeder beliebigen Situation zu jeder Zeit und an jedem Ort einsetzen. Ganz egal, was er gerade für ein moralisches Problem hat, er ist in der Lage, sich selbst zu helfen. Er muss sich nur überlegen, ob er es wünschenswert fände, wenn alle so handeln würden, wie er gerade vor hat, zu handeln. Der kategorische Imperativ ist somit weltweit gültig und universell einsetzbar. Aber damit begnügt sich Kant noch nicht:

Eine Metaphysik der Sitten ist also unentbehrlich [...],

[...] weil die Sitten selbst allerlei Verderbnis unterworfen bleiben, so lange jener Leitfaden und oberste Norm ihrer richtigen Beurteilung fehlt. [49]

Kant sucht also nach einem Leitfaden und einer obersten Norm, mit deren Hilfe alle bisherigen Sitten und Sittenlehren beurteilt werden können. Dieser Anspruch ist ungeheuerlich und auf den ersten Blick geradezu anmaßend, wenn man bedenkt, dass bereits seit der Antike Philosophen darüber nachgedacht haben, wie man richtig handelt. Ist Kants kategorischer Imperativ tatsächlich allen anderen ethischen Prinzipien überlegen? Und wenn ja – warum ist das so?

Um diese Frage zu beantworten, lassen wir uns jetzt gemeinsam mit Kant auf das Abenteuer einer kurzen philosophischen Kriminalgeschichte ein. Es gab und gibt nämlich auf der ganzen Welt nur vier ethische Konzepte, die Empfehlungen geben, wie der Mensch moralisch gut und korrekt leben kann. Unterschwellig kennen wir sie bereits, denn wir handeln tagtäglich nach solchen Handlungsmaximen: der hedonistischen, der utilitaristischen, der eudämonistischen, und der legalistischen. Kant hat sie alle der Reihe nach beschrieben und kritisiert, und setzt am Ende an deren Stelle seine eigene ethische Maxime, die fünfte und moralisch höchste.

Kritik am Hedonismus: Das Lustprinzip kennt keine Moral

Eine der ältesten Handlungsorientierungen ist der sogenannte Hedonismus, abgeleitet vom griechischen Wort ‚hedone', was soviel wie Genuss bedeutet. Hedonismus ist somit die Lehre vom Genießen. Der entsprechende Handlungsimperativ lautet schlicht: ‚Handle so, dass du durch dein Handeln größtmöglichen Lustgewinn erzielst und umgekehrt Unlust vermeidest'.

Diese philosophische Denktradition ist sehr alt und geht auf Epikur zurück. Der Mensch, so Epikur, hat als sinnliches Wesen Bedürfnisse wie Essen, Trinken, Sexualität, Geselligkeit, Spaß und vieles andere mehr. Diese Bedürfnisse muss und soll er ein Leben lang befriedigen. Sein Lustgefühl hilft ihm dabei, sichere und gute Entscheidungen zu treffen. Wenn er nämlich immer Lustgewinn sucht und Unlust vermeidet, hält er Schaden von sich ab und führt ein sinnliches, erfülltes und glückliches Leben. Tatsächlich leben wir auch heute noch, zweitausendfünfhundert Jahre nach Epikur, in vielen Bereichen nach dem Lustprinzip und dies keineswegs nur bei der Wahl unserer Liebespartner oder des Urlaubslandes oder des Essens im Restaurant. Wir machen sogar die Teilnahme an Seminaren, Theater- und Kinovorstellungen davon abhängig, ob wir „Lust dazu haben". Auch die Wahl der Berufsausbildung und des Studienfaches, ja sogar das politische Engagement erfolgt oft aus hedonistischen Motiven. Während einige Menschen Vergnügen an der parteipolitischen Arbeit, an der Aussicht auf Macht und Verantwortung haben, betätigen sich andere niemals in politischen Verbänden und Organisationen, weil sie genau dazu keine Lust haben. Die Lust ist zweifellos ein weit verbreiteter Lebensratgeber. Ist sie aber ein guter Ratgeber? Soll man wirklich immer Lustgewinn suchen und Unlust vermeiden?

Kant kritisiert den Hedonismus als ethisches Prinzip. Der Nachteil dieser Maxime besteht nach Kant allein schon darin, dass eine solche Handlungsorientierung bei zehn verschiedenen Menschen zu zehn verschiedenen Ergebnissen führen kann. Denn jeder versteht unter Lustgewinn etwas anderes. Je nach Geschmack werden die Menschen mal diese, mal jene Handlung gut finden. Jeder wird daher in derselben Situation anders handeln und jeweils für sich beanspruchen, richtig und moralisch korrekt gehandelt zu haben. Ein praktisches moralisches Gesetz muss aber, so Kant, objektiv für alle gleichermaßen gelten, und von allen gleich angewendet werden können.

Schon deshalb ist der Hedonismus laut Kant als ethisches Prinzip für eine Gesellschaft unbrauchbar.

> [...] ein Prinzip, das sich nur auf die subjektive Bedingung der Empfänglichkeit einer Lust oder Unlust (die jederzeit nur empirisch erkannt, und nicht für alle vernünftige Wesen in gleicher Art gültig sein kann) gründet, [...] kann niemals ein praktisches Gesetz abgeben. [50]

Ein zweiter ebenso großer Nachteil der hedonistischen Handlungsorientierung besteht darin, dass die Verwirklichung der eigenen Lust bei einer anderen Person zu Unlust führen kann. Da das ethische Prinzip aber gleichzeitig und gleichermaßen für alle verbindlich sein soll, wird es in sich selbst widersprüchlich. So handelt ein sadistischer Diktator, der Lust daran hat, seine Untertanen zu quälen, subjektiv richtig, da er seinen Lustgewinn steigert, objektiv aber erzeugt sein Handeln bei vielen anderen Unlust oder sogar Leid und Schmerz. Generell hält Kant die

Lust oder wie er sagt, die Neigungen, für schlechte Ratgeber in Sachen Moral. Denn selbst im positiven Fall, wenn ein Diktator seinem Volk zugeneigt ist und moralisch gut regiert, wäre das nach Kant völlig unzureichend:

Mit einem Worte, das moralische Gesetz verlangt Befolgung aus Pflicht, nicht aus Neigung [...]. 51

Der hedonistische Ansatz als ethisches Prinzip ist in der Tat fragwürdig, da die Lust zur Bestimmung des moralisch Guten oft unzureichend ist. So hat bereits Platon den Hedonismus mit einem einfachen Beispiel kritisiert. Wenn jemand einen starken Juckreiz verspürt, sei das Kratzen durchaus ein lustvolles Erlebnis, doch habe deshalb weder das Kratzen noch die Krätze eine hohe sittliche Qualität.

Kritik am Utilitarismus: Nutzenabwägung ist gefährlich

Das zweite ethische Prinzip ist der Utilitarismus, benannt nach dem lateinischen Wort ‚utilitas', was auf Deutsch Nutzen oder Nützlichkeit heißt. Dieser ethischen Denkrichtung zufolge sollte der Mensch sein Handeln nach Nützlichkeitserwägungen ausrichten. Der entsprechende Handlungsimperativ lautet: Handle so, dass du durch dein Handeln den größtmöglichen Nutzen erzielst.

Auch dieser Imperativ ist in unserer Gesellschaft weit verbreitet. Tatsächlich überlegen wir im Alltag ständig, ob es uns mehr bringt, mit dem Fahrrad oder mit der Bahn zu fahren, teure langlebige oder billige schlechte Schuhe zu kaufen, ein Auto zu kaufen oder nur zu leasen, zu heiraten oder unverheiratet zu bleiben, das Schlafzimmer als Arbeitszimmer steuerlich geltend zu machen oder ehrlich darauf zu verzichten, in der U-Bahn schwarzzufahren oder einen Fahrschein zu kaufen. Man betreibt eine ständige Nutzenabwägung: Was kostet es, wenn ich beim Schwarzfahren erwischt werde und was, wenn ich einen Fahrschein kaufe? Die Reihe utilitaristischer Entscheidungen ließe sich gerade in kapitalistischen Gesellschaften beliebig fortsetzen. Nutzenabwägungen sind allgegenwärtig. Auch bei demokratischen Wahlen entscheiden sich die Menschen meist für die Partei, von der sie sich persönlich den größtmöglichen wirtschaftlichen Nutzen erwarten.

Der Nachteil einer solchen Handlungsausrichtung liegt auf der Hand: Was nützlich ist, muss nicht automatisch moralisch gut sein. Es kann nützlich sein, eine Station mit der Bahn zu fahren und sich das Geld für den Fahrschein zu sparen, moralisch gut ist es nicht. Der geldwerte Nutzen des einzelnen Schwarzfahrers ist zugleich der Schaden der Allgemeinheit. Was dem einen nutzt, kann dem anderen schaden. Es handelt sich also um eine sehr egoistische Ethik, wenn man überhaupt von Ethik sprechen kann.

Nun waren sich die Utilitaristen dieser Schwachstelle ihres ethischen Prinzips von Anfang an bewusst und haben deshalb die Nutzenmaximierung nicht mehr für den Einzelnen gefordert, sondern stattdessen für die größtmögliche Zahl der Mitglieder einer Gesellschaft. Die beiden englischen Philosophen Hutchenson und Mill gaben die neue utilitaristische Parole aus, dass alles gesellschaftliche und politische Handeln das Glück und den Nutzen der größtmöglichen Zahl bewirken müsse. Der erweiterte utilitaristische Imperativ lautet seit dieser Zeit: Handle so, dass dein Handeln zur Nutzenmaximierung für die größtmögliche Zahl der Menschen führt, die von deiner Handlung betroffen sind.

Wenn beispielsweise ein Politiker eine neue U-Bahnhaltestelle plant, so sollte er sie gemäß dieses utilitaristischen Imperatives nicht vor seiner eigenen Haustüre planen, um selbst einen kurzen Fußweg zu haben, sondern dort, wo die größtmögliche Zahl von Bürgern Nutzen daraus zieht. Alle Bürger kann er natürlich auch dann nicht glücklich machen, da immer eine Minderheit übrig bleibt, die weiter zur Haltestelle laufen muss, als die meisten anderen. Doch dies ist nach Auffassung der Utilitaristen zu rechtfertigen und in vielen Fällen absolut notwendig. So müsse man etwa beim Bau von übelriechenden Kläranlagen, Müllverbrennungsanlagen oder lärmenden Großflughäfen zum Nutzen der Gesamtbevölkerung diese notwendige Infrastruktur auch gegen den Protest einer Minderheit sicherstellen. Gerade in der Politik sei der Utilitarismus mit dem Ziel der Nutzenmaximierung für die größtmögliche Zahl deshalb das beste moralische Prinzip.

Kant sieht das nicht so. Er kritisiert auch den Utilitarismus in seinem Kern, wenn er darauf hinweist, dass der Mensch jenseits aller Nutzenabwägungen als Selbstzweck betrachtet werden müsse. Das heißt, man darf niemals zum moralischen Prinzip erheben,

Kants Kerngedanke

dass eine Minderheit zum Zwecke eines höheren Nutzens der Mehrheit einfach übergangen werden darf:

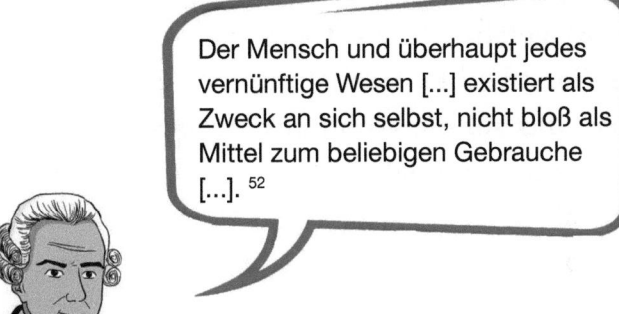

Der Mensch und überhaupt jedes vernünftige Wesen [...] existiert als Zweck an sich selbst, nicht bloß als Mittel zum beliebigen Gebrauche [...]. [52]

Die Zwangsarbeit unter dem NS-Regime ist ein warnendes Beispiel, was passiert, wenn Menschen als bloßes Mittel zum beliebigen Gebrauche eingestuft und zur Nutzenmaximierung für die Gesamtgesellschaft verpflichtet werden. Auch die alten Menschen einer Gesellschaft, die nicht mehr arbeitsfähig oder behindert sind, laufen Gefahr, als Minderleister abgestempelt zu werden, die den Nutzen der größtmöglichen Zahl schmälern und daher überflüssig und hinderlich sind. Solche Überlegungen wurden unter dem NS-Regime mit erschreckender Konsequenz umgesetzt und führten zu einem Euthanasieprogramm für behinderte Menschen.

Diese wenigen Beispiele zeigen bereits, dass der Utilitarismus als allgemeines moralisches Prinzip abzulehnen ist. Er ist nicht nur ungeeignet, sondern auch höchst gefährlich. Kant lässt keinen Zweifel daran, dass moralisches Handeln immer ein Handeln sein muss, das auf die Wohlfahrt der gesamten Menschheit abzielt und dabei den einzelnen Menschen niemals als bloßes Mittel zum Zweck betrachten darf, sondern als Selbstzweck mit eigener Würde:

Handle so, dass du die Menschheit sowohl in deiner Person als auch in der Person eines jeden anderen jederzeit zugleich als Zweck, niemals bloß als Mittel brauchst. [53]

Kants Kerngedanke

Kritik am Eudämonismus: Tugend allein genügt nicht

Eines der ältesten ethischen Konzepte ist der Eudämonismus, abgeleitet vom griechischen Wort ‚eudaimonia', was übersetzt Glückseligkeit bedeutet. Dieses Prinzip geht auf Aristoteles zurück und besagt, dass der Mensch so handeln solle, dass er durch sein Handeln zur inneren Glückseligkeit kommt. Diese Handlungsempfehlung gleicht zunächst dem Hedonismus von Epikur, der ebenfalls das Glück des Einzelnen als Ziel angestrebt hat. Es geht aber Aristoteles um einen lang anhaltenden seelischen Glückszustand im Gegensatz zum sinnlichen Glück der Lusterfüllung bei Epikur.

Auch ist die Eudämonie erheblich schwerer zu erlangen als die Hedonie. Es bedarf nämlich zur Erreichung der inneren Zufriedenheit und Glückseligkeit einer harten Arbeit an sich selbst. Um glücklich zu werden und in Einklang mit sich selbst zu gelangen, muss der Mensch alle seine Tugenden zur Entfaltung bringen. Und diese Tugenden sind zahlreich. Zudem muss bei jeder einzelnen Tugend zuerst einmal das goldene Maß gefunden werden. So ist Mut als eine Kardinaltugend die Mitte zwischen Feigheit und Tollkühnheit, Selbstbewusstsein die Mitte zwischen

Eitelkeit und Selbsterniedrigung, Freigiebigkeit die zwischen Verschwendungssucht und Geiz. Aber auch Freundschaft und der Einsatz für das Gemeinwohl gehören für Aristoteles zu den Tugenden. „Glückselig ist derjenige, der ununterbrochen tugendhaft handelt", schreibt Aristoteles in der Nikomachischen Ethik. Kant scheint Aristoteles zunächst Recht zu geben, dass die Tugendentfaltung sehr wichtig ist:

Verstand, Witz, Urteilskraft, und wie die Talente des Geistes sonst heißen mögen, oder Mut, Entschlossenheit, Beharrlichkeit im Vorsatze [...] sind ohne Zweifel in mancher Absicht gut und wünschenswert [...]. [54]

So kann ein rechtschaffener Mensch mit seinem Verstand, seiner Entschlossenheit und seinem Mut viel Gutes bewirken und sich sogar heldenhaft für seine Mitmenschen einsetzen. Wenn er dies tut, hat er seine Tugenden zum Wohle aller entfaltet. Doch dies,

Kants Kerngedanke

so warnt Kant, ist leider nur eine von vielen möglichen Entfaltungsweisen der Tugenden:

[...] sie können auch äußerst böse und schädlich werden, wenn der Wille, der von diesen Naturgaben Gebrauch machen soll [...] nicht gut ist. [55]

Kant stellt hier gegenüber Aristoteles die provokative These auf, dass die Tugenden, auch wenn sie vorhanden sind, noch keine Garantie für gute Taten sind. Sie haben an sich selbst noch keine moralische Qualität und sind sogar ambivalent. So können beispielsweise Tugenden wie Mut oder kühl berechnender Verstand, wenn sie nicht von Polizeibeamten, sondern von einem kaltblütigen Bankräuber eingesetzt werden, dem Wohl der Gesellschaft sogar abträglich sein:

> Denn ohne Grundsätze eines guten Willens können sie höchst böse werden, und das kalte Blut eines Bösewichts macht ihn nicht allein weit gefährlicher, sondern auch unmittelbar in unseren Augen noch verabscheuungswürdiger, als er ohne dieses würde dafür gehalten werden. [56]

Kant kritisiert aber nicht nur die Entfaltung der Tugenden als unzureichende Voraussetzung für ein universelles moralisches Prinzip, er sieht den Eudämonismus generell mit großer Skepsis. Denn das Ziel des Eudämonismus ist die individuelle Glückseligkeit, also eine innere Zufriedenheit mit sich selbst, die man mit konsequent tugendhaftem Handeln erreichen kann. Kant hält diesen Glückszustand aber für sehr labil, da die Versuchung besteht, dem Übermut zu verfallen, gerade dann, wenn man aufgrund seiner Tugend zu Ruhm und Ehre gekommen ist:

Kants Kerngedanke

> Ehre, selbst Gesundheit, und das ganze Wohlbefinden und Zufriedenheit mit seinem Zustande, unter dem Namen *Glückseligkeit*, machen Mut und hierdurch öfters auch Übermut, wo nicht ein guter Wille da ist, der den Einfluss derselben aufs Gemüt, und hiermit auch das ganze Prinzip zu handeln, berichtige [...]. [57]

Begnadete Menschen, die über viele Tugenden verfügen, neigen nach Kant eher zum Übermut als andere, weniger Begünstigte. Umgekehrt können Menschen, die von Natur aus mit nicht so großem Verstand, geringem Mut und wenig anderen Tugenden ausgestattet sind, dennoch moralisch gut handeln, auch wenn ihre Möglichkeiten äußerst begrenzt sind. Entscheidend ist nach Kant nur ihr guter Wille. So schreibt er eindringlich:

> Wenn gleich durch eine besondere Ungunst des Schicksals, oder durch kärgliche Ausstattung einer stiefmütterlichen Natur, es diesem Willen gänzlich an Vermögen fehlte, seine Absicht durchzusetzen,
>
> wenn bei seiner größten Bestrebung dennoch nichts von ihm ausgerichtet würde und nur der gute Wille...übrig bliebe; so würde er wie ein Juwel doch für sich selbst glänzen, als etwas, das seinen vollen Wert in sich selbst hat. [58]

Am Ende zählt für Kant also nur der gute Wille, denn dieser allein entscheidet, ob die Tugenden des Aristoteles in der richtigen Weise eingesetzt werden. Wie aber ist dieser gute Wille nach Kant zu bestimmen? Ab wann ist ein guter Wille gut? Woran können wir ihn messen? Ist er etwa dann gut, wenn wir uns freiwillig an die Gesetze halten?

Kritik am Legalismus: Gesetze können ungerecht sein

Das vierte große ethische Prinzip ist der Legalismus, benannt nach dem lateinischen Wort ‚legalis', was übersetzt ‚gesetzmäßig' oder ‚rechtlich erlaubt' heißt. Legal ist demnach jede Handlung, die mit dem Gesetz übereinstimmt. Der Legalismus als ethisches Prinzip verlangt von den Menschen, sich in jedem Fall an die geltenden Gesetzen zu halten und entsprechende Verstöße zu vermeiden. Der Imperativ des Legalismus lautet also: Handle so, dass deine Handlungen immer gesetzeskonform sind.

Damit sind allerdings nicht nur staatliche, sondern auch religiöse Gesetze gemeint. So befolgt zum Beispiel auch ein Christ, der sich an die zehn Gebote hält, eine legalistische Gebotsethik. Der Legalismus ist in modernen Gesellschaften zweifellos eine wichtige Grundlage der moralischen Orientierung. Schon Kinder lernen, was erlaubt und verboten ist und welche Regeln und Gesetze sie einhalten müssen. Nur weil wir uns im Alltag von Kindheit an dem Legalismus verschreiben und gesetzeskonform handeln, funktioniert unsere Gesellschaft. Würden wir uns zum Beispiel nicht freiwillig an die Regel ‚Du sollst nicht stehlen' halten, könnte kein einziges Geschäft mehr seine Waren anbieten und verkaufen. Die Quote der Aufklärung von Diebstählen, Betrug und Mord wäre viel zu gering. Würde ein ganzes Volk die moralische Selbstverpflichtung zur Ehrlichkeit und Respektierung des Eigentums ablegen und nur dann bezahlen, wenn die Gefahr bestünde, dass der Diebstahl oder Betrug auffliegt, wäre das gesellschaftliche Chaos vorprogrammiert.

Der Legalismus ist also ein wichtiges moralisches Prinzip. Das sieht auch Kant so. Aber als höchstes praktisches Gesetz hält er den Legalismus dennoch für ungeeignet. Der Legalismus sei, so Kant, nur eine heteronome Gebotsethik. Der griechische Wort ‚hetero' heißt fremd und ‚nomos' das ‚Gesetz'. Das bedeutet, als Legalisten folgen wir einer von außen kommenden Gebotsethik, die uns von einer fremden Instanz als Gesetz vorgeschrieben wird, sei es von der Bibel, dem Koran, dem Talmud oder den Gesetzesbüchern der nationalen und internationalen Regierungen. Der große Nachteil des Legalismus liegt auf der Hand: Eine heteronome Gebots- und Gesetzesethik ist nur so gut wie ihre jeweiligen Gesetze. Sind die Gesetze schlecht, sind es zwangsweise auch die daraus entstehenden Handlungen. Ein drastisches Beispiel dafür sind Hinrichtungen von Zivilisten, die im Zweiten Weltkrieg auf Befehl vorgesetzter Offiziere

Kants Kerngedanke

erfolgten. Soldaten, die deshalb wegen Kriegsverbrechen angezeigt werden, versuchen sich meist legalistisch zu entschuldigen. Sie seien nicht schuld an den Gräueltaten, da sie nur pflichtgemäß die damals geltenden Befehle, Dienstvorschriften und Gesetze befolgt hätten.

Auch Kreuzzüge wurden im Mittelalter mit Bibelzitaten legalisiert. Und noch heute verweigern gläubige Christen manchmal medizinisch lebensrettende Bluttransfusionen, weil sie einem biblischen Gebot aus der Apostelgeschichte Kapitel 15:20 folgen, in dem es heißt, dass man Verunreinigung durch Unzucht und fremdes Blut meiden muss.

Kant warnt deshalb davor, ausschließlich den Geboten und Gesetzen zu vertrauen. Selbst wenn das biblische Gebot, wie im letzten Fall, von Gott selbst beziehungsweise von seinen Propheten und Evangelisten stammt, dürfen wir es nach Kant nicht einfach ausführen und uns dem Legalismus verschreiben:

Wir werden, so weit die praktische Vernunft uns zu führen das Recht hat, [...]

> Handlungen nicht darum für verbindlich halten, weil sie Gebote Gottes sind, sondern sie darum als Gebote Gottes ansehen, weil wir dazu innerlich verbindlich sind. [59]

Zu welchen Geboten wir uns aber innerlich verpflichten, müssen wir selbst entscheiden. Kant misstraut also dem Legalismus als einer heteronomen Gebotsethik, da sie von außen kommt und den Menschen fremdbestimmt. Es sei zwar sinnvoll, sich an geltende Gesetze zu halten, dennoch müssen wir die Qualität der Gesetze immer auch an einem höchsten inneren Sittengesetz prüfen. Ein solches höchstes Sittengesetz, das uns erlaubt, über gut und böse zu entscheiden, darf nicht von außen kommen, sondern muss autonom von uns selbst erzeugt werden. Ist das möglich? Können wir auf uns selbst gestellt beurteilen, was moralisch gut ist? Ja, wir können es. Und das ist vielleicht die radikalste Botschaft der Kantischen Philosophie.

Kants Kerngedanke

Der kategorische Imperativ - das einzig wahre Sittengesetz

Es gibt tatsächlich eine Möglichkeit, ganz auf sich allein gestellt hundertprozentig sicher zu entscheiden, was gut und schlecht ist. Wir benötigen dazu keine zehn Gebote, kein Gesetzbuch, keine Nutzenabwägung, keine Lust- und Unlustgefühle und keinen Tugendkatalog des Aristoteles. Jeder Mensch kann nämlich in sich selbst den Maßstab für gut und böse auffinden. Er muss sich nur an jene einfache Empfehlung halten, die inzwischen weltberühmt geworden ist, an den kategorischen Imperativ:

Kant hat von Anfang an nach einem moralischen Gesetz gesucht, das im Unterschied zu den herkömmlichen moralischen Konzepten seiner Vorgänger a priori gilt, also frei von konkreten Erfahrungen ist.

> Jedermann muss eingestehen, dass ein Gesetz, wenn es moralisch [...] gelten soll, absolute Notwendigkeit bei sich führen müsse; [...] dass mithin der Grund der Verbindlichkeit hier nicht in der Natur des Menschen, oder den Umständen in der Welt [...] gesucht werden müsse, sondern a priori lediglich in Begriffen der reinen Vernunft. [61]

Der Grund für die Verbindlichkeit eines moralischen Gesetzes darf also nicht aus der Erfahrung hergeleitet werden, sondern muss a priori der reinen Vernunft entspringen. Kant verdeutlicht dies am Beispiel des moralischen Gesetzes ‚Du sollst nicht lügen'. Begründe ich dieses Gesetz damit, dass ich beim Lügen schlechte Erfahrungen mit anderen Leuten gemacht habe, und mit Ehrlichkeit viel weiter gekommen bin, so ist dies höchst riskant. Sobald ich nämlich mit meiner Ehrlichkeit negative Erfahrungen mache und zu dem Schluss gelange, dass ‚der Ehrliche immer der Dumme ist', verliert das moralische Gesetz seine Verbindlichkeit. Deshalb muss eine tragfähige Begründung für moralische Gesetze unabhängig von den konkreten Erfahrungen der Menschen sein.

Kant folgerte nun aufgrund dieser Überlegung, dass das oberste moralische Gesetz weder aus der Erfahrung noch aus bereits bestehenden Gesetzen abgeleitet werden könne. Denn Gesetzbücher oder religiöse Schriften tragen ja auch schon Erfahrungswerte in sich und sind daher nicht a priori vor aller Erfahrung gültig.

Kant stellte nun die entscheidende Frage, die ihn geradewegs zum kategorischen Imperativ führte: Wie muss ein moralisches Gesetz aussehen, das für das Handeln aller Menschen absolute Gültigkeit hat, von allen Menschen gleichermaßen befolgt werden kann und nicht von außen kommt?

Die Antwort lag auf der Hand: Es muss von innen kommen! Es muss ein moralisches Gesetz sein, das sich der Mensch selbst auferlegt, also eine Art Selbstverpflichtung der Vernunft, so zu handeln, dass die eigene Handlung einem moralischen Grundsatz entspricht, der gleichzeitig auch für alle anderen Gültigkeit besitzt und von allen anderen befolgt werden kann. In dieser Frage steckte bereits die Lösung. Kant hatte es geschafft. Er musste seine eigene Frage nur noch in eine Antwort umformulieren und einen Imperativ daraus machen: Du sollst freiwillig so handeln, dass du wollen kannst, dass dein Handlungsgrundsatz zu einem Gesetz für alle anderen erhoben werden kann, oder im Original:

Handle so, dass die Maxime deines Willens jederzeit zugleich als Prinzip einer allgemeinen Gesetzgebung gelten könnte. [62]

Warum bezeichnet Kant diese Handlungsempfehlung als kategorischen Imperativ? Hätte nicht schon das Wort „Imperativ" genügt? Imperativ heißt Befehl und meint einfach nur die grammatikalische Befehlsform, also konkret die Satzform: Handle so, dass ....! Was bedeutet aber das Wort „kategorisch"?

Kants Kerngedanke

Kant wollte sich damit ganz deutlich von den Utilitaristen unterscheiden, die meist nur hypothetische Imperative zustande gebracht haben. Ein gutes Beispiel dafür ist der Imperativ ‚Höre sofort mit dem Rauchen auf, wenn du lang leben und gesund bleiben willst!'. Dies ist ein hypothetischer oder bedingter Imperativ, der nur unter der Bedingung und Prämisse gilt, dass wir auch tatsächlich alt werden wollen. Kants Imperativ aber, darauf legt er größten Wert, gilt immer und überall ohne jede Vorbedingung. Er ist kategorisch.

Das moralische Gesetz ist daher [...] ein Imperativ, der kategorisch gebietet, weil das Gesetz unbedingt ist. [63]

Damit sagt er auch, dass das moralische Gesetz von seinem Anspruch her keine menschlichen Bedingtheiten duldet.

Es darf beispielsweise bei einer moralischen Handlung überhaupt keine Rolle spielen, ob man im Vorfeld Lust, Abneigung oder vielleicht sogar Angst hat. So sagt Kant:

> Mit einem Worte, das moralische Gesetz verlangt Befolgung aus Pflicht, nicht aus Vorliebe, die man gar nicht voraussetzen kann und soll. [64]

Hier wendet sich Kant noch einmal entschlossen gegen Hedonismus und Utilitarismus. Wer aus Vorliebe handelt, weil er sich einen Lustgewinn oder Nutzen erhofft, handelt nicht wirklich moralisch. Wenn beispielsweise ein Mensch ins Wasser fällt und um Hilfe ruft, darf es keine Rolle spielen, ob das Wasser kalt ist oder ob man Angst hat, selbst zu ertrinken. Der Hedonist würde unter Umständen nach solchen Lust- beziehungsweise Unlustgefühlen entscheiden. Der Utilitarist würde womöglich überlegen, ob er für eine etwaige Rettung eine Belohnung bekommen könnte. Er würde seine Hilfeleistung von seinem Nutzen- und Risikokalkül abhängig machen. Der Legalist würde vielleicht sogar hineinspringen oder Hilfe holen, aber eben nur, weil er weiß, dass man ihn kraft Gesetz wegen ‚unterlassener Hilfeleistung' anzeigen könnte und er sich gesetzeskonform verhalten muss. Möglich aber auch, dass er gerade deshalb so tut, als hätte er nichts gesehen, und weitergeht. Der Eudämonist würde als tugendhafter Mensch mit großer Wahrscheinlichkeit einen Rettungsversuch wagen, sofern er die Tugend des Mutes, der Tapferkeit, des Einsatzes für das Gemeinwohl gut entwickelt hat. Hoffen wir für unseren Ertrinkenden, dass er nicht andere Tugenden wie die Rhetorik und Klugheit ausgebildet hat.

Über hundertprozentig verlässliche Hilfe aber kann sich der Ertrinkende nur freuen, wenn er das Glück hat, dass gerade ein Kantianer vorbeikommt. Dieser zögert keine Sekunde, springt hinein und rettet den Ertrinkenden, kategorisch – also bedingungslos. Und wenn der Kantianer dann vom Geretteten gefragt wird, warum er sein eigenes Leben für seine Rettung riskiert habe, antwortet er: „Es war meine Pflicht". In der Tat lässt der kategorische Imperativ in dieser Situation einzig und allein den sofortigen Rettungsversuch zu, da wir nur von dieser Handlungsmaxime wollen können, dass sie zu einem allgemeinen Gesetz erhoben wird, wonach jeder, der einen Ertrinkenden sieht, diesen sofort zu retten hat – unabhängig von Neigungen, Ängsten und Nutzenerwägungen.

Pflicht und freier Wille

Das einzige Motiv, das Kant für eine wirklich moralische Handlung gelten lässt, ist somit die Pflichterfüllung. Und diese Pflicht besteht in der Selbstunterwerfung des freien Willens unter den kategorischen Imperativ. Kant gerät bei dem Wort ‚Pflicht' geradezu ins Schwärmen, was bei ihm selten vorkommt:

> Pflicht! du erhabener Name, der du [...] Unterwerfung verlangst, [...] welches ist der deiner würdige Ursprung, und wo findet man die Wurzel deiner edlen Abkunft, welche alle Verwandtschaft mit Neigungen stolz ausschlägt, und von welcher Wurzel abzustammen die unnachlässliche Bedingung desjenigen Werts ist, den sich Menschen allein selbst geben können? 65

Kants Kerngedanke

Kant stellt hier schwärmerisch die Frage nach dem Ursprung der Pflicht. Pflicht heißt ja nichts anderes als dieses oder jenes zu sollen. So beginnen nicht nur alle religiösen Gebote mit den Worten ‚du sollst!', sondern auch der kategorische Imperativ und alle anderen moralischen Handlungsempfehlungen. Dass wir Menschen überhaupt dazu in der Lage sind, fasziniert Kant ungeheuerlich. Denn der rätselhafte Ursprung des Sollens kann nicht in der Natur oder Physis liegen, er muss metaphysisch sein. Der Mensch, so vermutet Kant, hat deshalb einen Sonderstatus innerhalb der Natur.

Das Sollen drückt eine Art von Notwendigkeit und Verknüpfung mit Gründen aus, die in der ganzen Natur sonst nicht vorkommen. [66]

Tatsächlich kommt in der äußeren Natur das ‚Sollen' nicht vor. Es würde keinen Sinn machen, zu sagen, der Fluss soll bergauf fließen, die Blume soll nicht verblühen oder der Löwe soll die Antilope nicht fressen. In der Natur herrschen Naturgesetze. Eines bedingt das andere. Der Mensch aber kann aufgrund seiner Willensfreiheit spontan nach eigenen Ideen und Prinzipien handeln:

> Ein jedes Ding in der Natur wirkt nach Gesetzen. Nur ein vernünftiges Wesen hat das Vermögen [...] nach Prinzipien zu handeln, oder einen Willen. [67]

Zwar hat auch der Mensch als höheres Säugetier Naturanlagen und Naturtriebe wie Hunger, Durst und noch einige mehr. Auch ist er sinnlichen Reizen ausgesetzt, die sein ‚Wollen' beeinflussen, aber er hat immer die Möglichkeit, sich aus der Natur radikal herauszukatapultieren und sich für das ‚Sollen' zu entscheiden.

> Es mögen noch so viele Naturgründe sein, die mich zum *Wollen* antreiben, noch so viele sinnliche Anreize, so können sie nicht das *Sollen* hervorbringen [...]. [68]

Dass der Mensch überhaupt etwas ‚sollen' kann, dass er den kategorischen Imperativ befolgen kann, setzt voraus, dass er den freien Willen hat, sich für oder gegen etwas zu entscheiden. Er muss wesenhaft frei sein, sonst wären alle Sätze, die mit ‚du sollst' beginnen, absolut sinnlos, da wir, wenn wir unfrei wären, keine Wahl hätten. Die Willensfreiheit des Menschen ist also eine notwendige transzendentale Bedingung für sittliches Handeln. Beweisen, so Kant, kann man die Willensfreiheit allerdings nicht, da sie aufgrund mangelnder Anschauung von der theoretischen Vernunft nicht erkannt werden kann. In praktischer Absicht aber müssen wir annehmen, dass es sie gibt. Hier tritt der Unterschied und das Zusammenspiel zwischen theoretischer Vernunft und praktischer Vernunft klar zu Tage. In erkenntnistheoretischer Absicht ist die Willensfreiheit von der theoretischen Vernunft her nicht zu beweisen, in praktischer Absicht aber ist es absolut notwendig, sie als Bedingung moralischen Handelns als gegeben vorauszusetzen. Es handelt sich wohlgemerkt um ein und dieselbe Vernunft, die lediglich zwei verschiedene Standpunkte einnimmt, um auf dem jeweiligen Wissensgebiet Aussagen machen zu können.

Im Hinblick auf die Willensfreiheit gibt es für Kant also keinen Zweifel. Der Mensch ist frei, das Gute zu wollen und sich für das Gute zu entscheiden. Das höchste Sittengesetz und das vollkommene Ideal sittlichen Handelns ist deshalb die Selbstverpflichtung des freien Willens auf den kategorischen Imperativ:

> Es ist überall nichts in der Welt, ja überhaupt auch außer derselben zu denken möglich, was ohne Einschränkung für gut könne gehalten werden, als allein ein guter Wille. [69]

Nur der gute Wille zählt, nicht das, was er bewirkt. Die Auswirkungen und Ergebnisse einer Tat sind vom moralischen Standpunkt aus sogar zweitrangig. Denn, so Kant:

> Der gute Wille ist nicht durch das, was er bewirkt, oder ausrichtet, nicht durch seine Tauglichkeit zur Erreichung irgendeines vorgesetzten Zweckes, sondern allein durch das Wollen, d.i. an sich gut. [70]

Kants Kerngedanke

So ist es moralisch gesehen absolut wichtig in das Wasser zu springen und einen Ertrinkenden retten zu wollen. Ob es gelingt oder nicht ist für die Beurteilung der moralischen Qualität der Rettungstat letztlich unwichtig. Entscheidend ist der gute Wille des einzelnen Menschen.

Was darf ich hoffen?
Die Religionskritik

Auf die Frage, ob man den kategorischen Imperativ von Gott ableiten könne, antwortete Kant, es sei umgekehrt. Wenn es Gott gäbe, müsste auch er und gerade er sich an den kategorischen Imperativ halten. Er selbst sei nur eine daraus abgeleitete Idee:

Die Idee von einem solchen Wesen, vor dem sich alle Knie beugen, geht aus diesem Imperativ hervor, nicht umgekehrt. [71]

Dasselbe gilt auch für Jesus, den heiligen Sohn Gottes in den Evangelien:

> Selbst der Heilige der Evangelii muss zuvor mit unserem Ideal der sittlichen Vollkommenheit verglichen werden, ehe man ihn dafür erkennt. [72]

In seiner kleinen Schrift mit dem vielsagenden Titel ‚Die Religion innerhalb der Grenzen der bloßen Vernunft' definiert Kant das moralische Handeln allein nach dem Sittengesetz als autonome Tat des freien Willens, der sich zum Guten hinwendet. Darüber hinaus lehnt er alle von der Kirche zusätzlich verlangten Taten, Bußgänge und Rituale schroff ab, wie in folgender Passage deutlich wird:

Kants Kerngedanke

Alles, was, außer dem guten Lebenswandel, der Mensch noch tun zu können vermeint, um Gott wohlgefällig zu werden, ist bloßer Religionswahn und Afterdienst Gottes. [73]

Letztlich muss sich alle Religion daran messen lassen, ob sie vernünftig ist, ob sie also innerhalb der Grenzen der bloßen Vernunft eine sinnvolle und moralisch vertretbare Aufgabe im Sinne des kategorischen Imperatives erfüllt. Damit hat Kant den Bereich abgesteckt, innerhalb dessen man die Religion gewähren lassen darf. Nur wenn der Glaube an Gott dabei hilft, das höchste Sittengesetz der praktischen Vernunft umzusetzen, ist er wünschenswert, aber eben nur dann. Die Frage, was darf ich hoffen? beantwortet er letztlich damit, dass er an Stelle des Offenbarungsglaubens die sogenannten ‚Postulate der Vernunft' setzt. Diese Postulate sind aber gemäß der lateinischen Übersetzung nur ‚Forderungen' oder ‚Empfehlungen' der Vernunft. Das heißt, in praktischer Absicht kann es vernünftig sein, anzunehmen, dass es die Unsterblichkeit der Seele und sogar Gott als Idee eines moralisch guten Prinzips gibt, auch wenn man diese Ideen weder erkennen noch beweisen kann. Moralisch notwendig sind sie aber nicht. Kant lässt da keinen Zweifel aufkommen:

Die Moral [...] bedarf weder der Idee eines anderen Wesens über ihm, um seine Pflicht zu erkennen, noch einer andern Triebfeder als des Gesetzes selbst [...]. [74]

Sicher sein können wir uns also bei unseren moralischen Handlungen nur, wenn wir uns ausschließlich auf unseren eigenen guten Willen verlassen und uns aus freien Stücken selbst zum kategorisch guten Handeln verpflichten. Der berühmte Kulturhistoriker Friedell hat es einmal so formuliert: Als erkennendes Wesen ist der Mensch der Gesetzgeber der Außenwelt, als moralisches Wesen ist er sein eigener Gesetzgeber.

Was nützt uns Kants Entdeckung heute?

Die Begründung der Wissenschaften

Die kritische Philosophie Kants war eine tiefe Zäsur in der Weltgeschichte, deren Nachwirkungen wir bis auf den heutigen Tag spüren. Man kann sagen, es gab eine Welt vor Kant und eine danach. War die Welt vor der kritischen Philosophie Kants noch naiv und von einem Durcheinander der verschiedensten Wissensgebiete und unterschiedlichster Wissenszugänge geprägt, so gibt es nach ihm eine völlig klare und unhintergehbare Einteilung der Wissenschaft. Kant hat erstmals vier große Wissenschaftsbereiche definiert und präzise von einander getrennt. Es gelang ihm ein für alle Mal, die Philosophie von der Theologie abzugrenzen, die Mathematik und die Physik zu begründen und darüber hinaus den Grundstein für die gesamte moderne Naturwissenschaft zu legen.

Die Trennung von Philosophie und Theologie wurde ihm von der Kirche bis heute nicht verziehen, da man ihm vorhielt, mit seiner Erkenntniskritik die Theologie, also die Wissenschaft von Gott, diskreditiert und in das Reich der Spekulation verbannt zu haben.

Kant selbst musste sich schon zu seinen Lebzeiten gegen diesen Vorwurf verteidigen. So schreibt er zu seiner Rechtfertigung:

> Ich musste also das Wissen aufheben, um für den Glauben Platz zu bekommen [...]. [75]

Zweifellos hat Kant mit seiner ‚Kritik der reinen Vernunft' dem Glauben einen eigenen Bereich jenseits des Wissens zugeordnet. Allerdings bleibt der Vorwurf bestehen, dass er gerade mit dieser messerscharfen Trennung von Glaube und Wissen zum Totengräber der Religion wurde, da viele moderne Menschen sich lieber auf das Wissen verlassen. Im Zentrum dieses modernen Wissens, dem wir heutzutage unser Schicksal anvertrauen, steht die Naturwissenschaft. Und auch diese ist mit dem Namen Kant untrennbar verbunden. Er gab den Startschuss für den Ende des 18. Jahrhunderts einsetzenden Wettlauf der Forscher und Ingenieure. Seine revolutionäre Erkenntniskritik hat erstmals methodische Klarheit geschaffen. Naturwissenschaftliche Erkenntnis, so seine Forderung, muss trotz der Möglichkeit apriorischer Theoriebildung immer empirisch und sinnlich nachvollziehbar sein. Damit war der Grundstein der experimentellen Physik gelegt. Es spielt keine Rolle, ob aus der Beobachtung zufällig ein Theoriemodell gewonnen oder umgekehrt mit einem Theoriemodell die Natur im Nachhinein beobachtet wird. In beiden Fällen muss die Erkenntnis immer auch empirisch, also wiederholbar sein. Unter dieser strengen Prämisse wurden auf einmal Ergebnisse von Forschern auf der ganzen Welt vergleichbar und der ungeheure Siegeszug der Technik begann.

Der kategorische Imperativ – Stachel der Moral

Kants kategorischer Imperativ wird seit zweihundert Jahren viel diskutiert, gelobt, verehrt und manchmal auch kritisiert. So bemängelte der Philosoph Scheler, dieser Handlungsimperativ sei viel zu abstrakt. Es würden ihm wirkliche Werte und konkrete Inhalte fehlen, zum Beispiel die Menschenrechte. Anstatt Kants rein formaler Ethik bräuchten wir eine materiale Ethik. Doch diese Kritik ist inzwischen verstummt, denn implizit hat der kategorische Imperativ durchaus sehr konkrete Inhalte, etwa wenn Kant schreibt:

Nun sage ich: der Mensch überhaupt jedes vernünftige Wesen existiert als Zweck an sich selbst, nicht bloß als Mittel zum beliebigen Gebrauche [...]. [76]

In dieser abstrakten Formulierung steckt bereits die Aussage, dass der Mensch als Person respektiert werden muss. Er darf nicht als bloßes Mittel missbraucht werden, sondern ist an sich selbst höchster Zweck, ebenso wie die Menschheit als Ganzes. Jeder Einzelne hat somit ein Recht auf Entfaltung seiner Persönlichkeit nach eigenen Zwecken und Zielen. Und die von Kant daraus abgeleitete zweite Version des kategorischen Imperatives bestätigt dies noch mal eindrucksvoll:

Handle so, dass du die Menschheit jederzeit sowohl in deiner Person, als auch in der Person eines jeden anderen jederzeit zugleich als Zweck, niemals bloß als Mittel brauchest. [77]

Hier wird als Handlungsmaxime nicht nur die Respektierung der Menschheit bestehend aus einzelnen Personen mit entsprechenden Persönlichkeitsrechten gefordert, sondern darüber hinaus auch deren absolute Gleichheit. Man kann den kategorischen Imperativ bis heute nicht substanziell kritisieren. Er ist nach wie vor die bestmögliche Handlungsmaxime der Menschheit und enthält bereits das weltbürgerliche Selbstverständnis, an dessen konkreter Verwirklichung wir noch immer arbeiten.

Seine Zeitgenossen, insbesondere die Dichter des Sturm und Drang, bewunderten Kant wegen dieser Leistung. Allerdings gab es schon damals Unmut wegen der Überhöhung der ‚Pflicht' durch den allzu strengen Königsberger Philosophen. So hatte Kant behauptet, dass sogar ein gemeinnütziger und liebenswürdiger Wohltäter, der ein inneres Vergnügen empfindet, anderen zu helfen, nicht wirklich moralisch gut handelt, da er aus Neigung statt aus Pflicht handelt:

> Aber ich behaupte, dass in solchem Falle dergleichen Handlung [...] keinen wahren sittlichen Wert habe, [...] denn der Maxime fehlt der sittliche Gehalt, nämlich solche Handlungen nicht aus Neigung, sondern aus Pflicht zu tun. [78]

Als der Dichter Friedrich Schiller diese Zeilen las, verfasste er ein Spottgedicht auf Kants Pflichtbegriff:

„Gern dien ich den Freunden,
doch tu ich es leider mit Neigung.
Und so wurmt es mich oft,
dass ich nicht tugendhaft bin.
Da ist kein anderer Rat,
du musst suchen sie zu verachten.
Und mit Abscheu alsdann tun,
wie die Pflicht dir gebeut." [79]

Tatsächlich kann man Kant wohl einen ethischen Rigorismus vorwerfen. Wenn nämlich nichts, was wir gerne tun, moralisch ist, bleiben bei den meisten Menschen kaum noch moralische Handlungen übrig. Allerdings räumte Kant selbst ein, dass es unmöglich sei, dem kategorischen Imperativ immer und überall zu genügen. Wohl aber ist er ein sittliches Ideal, das uns ständiger Ansporn sein muss. Darüber hinaus – und das ist die wichtigste Botschaft von Kants Moralphilosophie – ist jeder Mensch in der Lage, selbst zu entscheiden, was moralisch gut ist. Niemand darf und muss Befehle ausführen, die er nicht verantworten kann. Zwar hat Kant noch kein ausdrückliches Recht auf Widerstand formuliert, wie etwa der Engländer John Locke, doch gibt es bei Kant im Grunde keine andere Schlussfolgerung aus dem kategorischen Imperativ, als im Zweifelsfalle jedes Gebot, jedes Gesetz und jeden Befehl zu verweigern, wenn es nicht dem inneren Sittengesetz des kategorischen Imperativs entspricht. Denn in letzter Instanz sind wir nur uns selbst verantwortlich. Wir tragen das höchste Sittengesetz in uns. Die ganze Welt um uns herum muss sich daran messen lassen.

Nachhaltigkeit – die Maxime der Moderne

Die konsequente Anwendung des kategorischen Imperativs war noch nie so wichtig wie heute. Ob die führenden Industriestaaten auf Weltklimakonferenzen eine Reduktion des Schadstoffausstoßes vereinbaren, ob künftig Milliarden privater Haushalte sich zum nachhaltigen Wirtschaften bekennen, hängt entscheidend davon ab, ob es uns gelingt, unsere individuellen Handlungsgrundsätze im Sinne Kants auf das Handeln der gesamten Menschheit zu beziehen. Solange einzelne Staaten und einzelne Bürger utilitaristisch ihren eigenen Nutzen einer universell vorbildlichen Lösung vorziehen, wird der Raubbau an unseren Lebensgrundlagen weitergehen. Als Philosoph ist man bisweilen versucht, dem Aufklärungsprojekt Immanuel Kants Nachdruck zu verleihen und zu fordern, dass sich Staatschefs vor Gipfeltreffen einer philosophischen Schulung unterziehen müssen, an deren Ende sie den kategorischen Imperativ rezitieren und anwenden können:

Handle so, dass du die Menschheit [...] jederzeit zugleich als Zweck, niemals bloß als Mittel brauchest. [80]

Meistens folgen Politiker als Vertreter nationaler Wirtschaftsinteressen nur dem folgenden Imperativ: Handle so, dass du den Wohlstand und das Überleben deiner eigenen Nation sicherstellst, indem du die anderen Nationen als Mittel zu diesem Zwecke gebrauchst, indem du sie für die freiwillige Schadstoffreduzierung gewinnst und gleichzeitig durch geringstmöglichen eigenen Verzicht deine nationale Wirtschaft beschützt.

Die Botschaft der ‚Aufklärung', übereinzeln und übernational zu denken und zu handeln, wird zwar heutzutage von vielen Menschen verstanden, aber immer noch nicht umgesetzt. Auch Kant wusste, dass der kritische Impuls der Aufklärung noch lange nicht abgeschlossen ist, wie aus folgender Stellungnahme hervorgeht:

Wenn denn nun gefragt wird, leben wir jetzt in einem aufgeklärten Zeitalter? So ist die Antwort: Nein, aber wohl in einem Zeitalter der Aufklärung. [81]

Diese Mahnung Kants, dass wir das Projekt der Aufklärung weiter verfolgen müssen, gilt gerade heute, angesichts der Herausforderung, den Planeten auf neue Art und Weise zu bewirtschaften. Ist es aber nicht schon zu spät? Kann der ökologische Kollaps noch aufgehalten werden? Der Philosoph Adorno befürchtete, dass die instrumentelle Vernunft die

Was nützt uns Kants Entdeckung heute?

objektive Vernunft bereits vollständig verdrängt hat und wir den instrumentellen Nutzenerwägungen und Kapitalinteressen hilflos ausgeliefert sind. Das Projekt der Aufklärung, so Adorno, sei letztlich zum Scheitern verurteilt. Kant sieht das nicht so. Eine Umkehr aus der Unvernunft zur Vernunft sei prinzipiell möglich und zwar immer und zu jeder Zeit:

> Es ist niemals zu spät, vernünftig und weise zu werden; es ist aber jederzeit schwerer, wenn die Einsicht spät kommt, sie in Gang zu bringen. [82]

In der Tat kommt die Einsicht, den Planeten künftig ökologisch nachhaltig zu bewirtschaften, sehr spät. Und tatsächlich haben wir uns seit Menschengedenken daran gewöhnt, die Erde auszubeuten. Das biblische Gebot ‚Macht euch die Erde untertan' musste erst durch ein neues kritisches Denken abgelöst werden. Aber wenn es in der Geschichte der Philosophie ein ethisches Prinzip gibt, das den ökologischen Nachhaltigkeitsgedanken hundertprozentig unterstützt, dann ist dies der kategorische Imperativ von Immanuel Kant.

Aufklärung endet nie - sapere aude!

Kant ist der zentrale Denker der Aufklärung, jener Epoche, die erstmals die Menschen in ganz Europa mit einem neuen Denken infiziert hat. In Frankreich und England fordern Rousseau, Montesquieu und Diderot die Ablösung des irrationalen Mittelalters mit Hexenverbrennungen, Teufelsaustreibungen und Gottesgnadentum durch ein modernes rationales Denken und einen demokratischen Staat. In England bringen Locke und Hume die Aufklärung und die Volksherrschaft voran. Auch Kant ist sich dieses epochalen Umbruchs bewusst:

Aufklärung ist der Ausgang des Menschen aus seiner selbst verschuldeten Unmündigkeit. [83]

Selbst verschuldet ist die Unmündigkeit deshalb, weil wir von unserer Vernunft lange keinen Gebrauch gemacht haben. Viel zu lange, so Kant, hätten die Men-

Was nützt uns Kants Entdeckung heute?

schen ängstlich unter dem Zwang der Weltreligionen und des Aberglaubens verharrt, ohne die Gesellschaft und die Naturkräfte kritisch zu hinterfragen:

> Selbstverschuldet ist diese Unmündigkeit, wenn die Ursache derselben nicht am Mangel des Verstandes, sondern [...] des Mutes liegt, sich seiner [...] zu bedienen. [84]

Es fehlte den Menschen an Mut, die herrschenden Dogmen zu hinterfragen. So wurde das Gottesgnadentum lange nicht in Frage gestellt und der König als König akzeptiert, weil er der Sohn des letzten Königs war. Erst mit der Französischen Revolution kam alles in Bewegung. ‚Wer soll das Volk regieren, wenn nicht das Volk?', lautete jetzt die Parole. Auch Kant, der noch in der preußischen Monarchie lebte, forderte die kritische Überprüfung aller Traditionen und Dogmen. Gleich in der Vorrede zur Kritik der reinen Vernunft schreibt er den vielzitierten Satz, der die enorme Aufbruchsstimmung seiner Zeit widerspiegelt:

> Unser Zeitalter ist das eigentliche Zeitalter der Kritik, der sich alles unterwerfen muss. Religion, durch ihre Heiligkeit, und Gesetzgebung, durch ihre Majestät wollen sich gemeiniglich derselben entziehen. Aber alsdenn erregen sie gerechten Verdacht wider sich, und können auf unverstellte Achtung nicht Anspruch machen. [85]

Einen ‚Anspruch auf unverstellte Achtung', so Kant weiter, ‚verdient nur dasjenige Gesetz, das eine freie und öffentliche Prüfung aushalten konnte'. Wir müssen prinzipiell jedes Gesetz anzweifeln und einer Prüfung unterziehen. Und wenn es der Kritik nicht standhält, gehört es verbessert oder abgeschafft, denn, so Kant:

> So viel ist gewiss: wer einmal Kritik gekostet hat, den ekelt auf immer alles dogmatische Gewäsche [...]. [86]

Was nützt uns Kants Entdeckung heute?

Die Forderung nach permanenter Kritik gilt bis zum heutigen Tag und ist vielleicht das wichtigste Erbe, das uns Kant hinterlassen hat. Wir dürfen niemals aufhören, die bestehenden Verhältnisse in Frage zu stellen. Kants Aufforderung zum kritischen Denken ist aktueller denn je:

Zitatverzeichnis

Alle Seitenangaben der Zitate stammen aus der Suhrkamp Werkausgabe herausgegeben von Wilhelm Weischedel 1968. Besitzer anderer Ausgaben können aber die Zitate ebenfalls auffinden, da zusätzlich in Klammern jeweils die Seitenzahlen der ursprünglichen Kantausgaben angegeben sind, die üblicherweise in allen Nachdrucken am Seitenende vermerkt sind.

1   Zitat, Immanuel Kant, Die Kritik der praktischen Vernunft, Hrsg. Wilhelm Weischedel, Werke in 12 Bänden, Band VII, Suhrkamp, Frankfurt a. Main 1968, S. 300 (A 289, 290), im Folgenden zitiert als KpV
2   Zitat, Immanuel Kant, Die Kritik der reinen Vernunft, Hrsg. Wilhelm Weischedel, Werke in 12 Bänden, Band III/IV, Suhrkamp, Frankfurt a. Main 1968, S. 623 (A 731/B 759), im Folgenden zitiert als KrV
3   Zitat, KrV, S. 13 (A XII)
4   Zitat, KrV, S. 98 (A 52/B 76)
5   Zitat, Immanuel Kant, Logik, in: Hrsg. Wilhelm Weischedel, Werke in 12 Bänden, Band VI, Schriften zur Metaphysik und Logik 2, Suhrkamp, Frankfurt a. Main 1968, S. 448 (A 26, 27)
6   Zitat, Immanuel Kant, Anthropologie in pragmatischer Hinsicht, Hrsg. Wilhelm Weischedel, Werke in 12 Bänden, Band XII, Schriften zur Anthropologie, Geschichtsphilosophie, Politik und Pädagogik 2, Suhrkamp, Frankfurt a. Main 1968, S. 656 (A 295/B 293)
7   Zitat, Immanuel Kant, Beantwortung der Frage: Was ist Aufklärung? In: Hrsg. Wilhelm Weischedel, Werke in 12 Bänden, Band XI, Schriften zur Anthropologie, Geschichtsphilosophie, Politik und Pädagogik 1, Suhrkamp, Frankfurt a. Main 1968, S. 59 (A 491), im Folgenden zitiert als WiA
8   Zitat, KrV, Vorrede zur ersten Auflage, S. 13 (A XI)
9   Zitat, KrV, Vorrede zur zweiten Auflage, S. 33 f. (B XXXI, XXXII)
10 Zitat, KrV, S. 666 (A 789/B 817)
11 Zitat, KrV, S. 45 (B 1,2)

12	Zitat, KrV, S. 98 (B 76, 77/A 52)
13	Zitat, KrV, S. 98 (B 76, 77/A 52)
14	Zitat, KrV, S. 98 (B 76, 77/A 52)
15	Zitat, KrV, S. 45 (B 1,2)
16	Zitat, KrV, S. 45 (B 1,2)
17	Zitat, KrV, S. 45 (B 1,2)
18	Zitat, KrV, S. 45 (B 1,2)
19	Zitat, KrV, S. 72 (B 38, 39/A 24)
20	Zitat, KrV, S. 72 (B 38,39/A 24)
21	Zitat, KrV, S. 72 (B 38,39/A 24)
22	Zitat, KrV, S. 72 (B 38,39/A 24)
23	Zitat, KrV, S. 73 (B 40/A 25)
24	Zitat, KrV, S. 78 (B 46,47/A 31)
25	Zitat, KrV, S. 81 (B 50,51/A 34)
26	Zitat, KrV, S. 87 (B 60)
27	Zitat, KrV, S. 87 (B 60)
28	Zitat, KrV, S. 308 (B 350/A 293, 294)
29	Zitat, Immanuel Kant, Kritik der Urteilskraft, in: Hrsg. Wilhelm Weischedel, Werke in 12 Bänden, Band X, Suhrkamp, Frankfurt a. Main 1968, S. S. 87 (A XXIII/B XXV), im Folgenden zitiert als KdU
30	Zitat, KrV, S. 111 (B 95/A 70)
31	Vgl. KrV, S. 118 f. (B 106, 107/A 80, 81)
32	Zitat, KrV, S. 119, (B 107/ A 81)
33	Zitat, KrV, S. 136 (B 132, 133)
34	Zitat, KrV, S. 136 (B 132, 133)
35	Zitat, Immanuel Kant, Die falsche Spitzfindigkeit der vier syllogistischen Figuren, in: Hrsg. Wilhelm Weischedel, Werke in 12 Bänden, Band II, Vorkritische Schriften bis 1768, Suhrkamp, Frankfurt a. Main 1968, S. 599 (A 3, 4, 5)
36	Zitat, KrV, S. 120 (B 108, 109/ A 82,83)
37	Zitat, KrV, S. 143 (B 143, 144)
38	Zitat, KrV, S. 25 (B XVI, XVII)
39	Zitat, Immanuel Kant, Träume eines Geistersehers, erläutert durch Träume der Metaphysik, in: Hrsg. Wilhelm Weischedel, Werke in 12 Bänden, Band II, Vorkritische Schriften bis 1768, Suhrkamp, Frankfurt a. Main 1968, S. 971 (A 94, 95)
40	Zitat, KrV, S.145 f. (B 147, 148)

41	Zitat, KrV, S. 604 (A 702/B 730)
42	Zitat, KrV, S. 670 (A 795/B 823)
43	Zitat, KrV, S. 559 (A 636/B664)
44	Zitat, KpV, S. 205 (A 149)
45	Zitat, KdU, S. 188 (A 107, 108/B 108, 109)
46	Zitat, KrV, S. 11 (A VII, VIII, IX)
47	Zitat, KrV, S. 312 (A 299, 300/B 356)
48	Zitat, KpV, S. 140 (A 54, §7)
49	Zitat, Immanuel Kant, Grundlegung der Metaphysik der Sitten, in: Hrsg. Wilhelm Weischedel, Werke in 12 Bänden, Band VII, Suhrkamp, Frankfurt a. Main 1968, S. 14 (BA X, XI), im Folgenden zitiert als GMS
50	Zitat, KpV, S. 128 (A 39, 40)
51	Zitat, KpV, S. 295 (A 282)
52	Zitat, GMS, S. 59 f. (BA 64, 65)
53	Zitat, GMS, S. 89, (BA 67)
54	Zitat, GMS, S. 18 (BA 1, 2)
55	Zitat, GMS, S. 18 (BA 1, 2)
56	Zitat, GMS, S. 19 (BA 2, 3)
57	Zitat, GMS, S. 18 (BA 1, 2)
58	Zitat, GMS, S. 19 (BA 3, 4)
59	Zitat, KrV, S. 686 f. (B 847, 848/A 819, 820)
60	Zitat, KpV, S. 140 (A 54)
61	Zitat, GMS, S. 13 (BA VII, IX)
62	Zitat, KpV, S. 140 (A 54)
63	Zitat, KpV, S. 143 (A 58)
64	Zitat, KpV, S. 295 (A 282)
65	Zitat, KpV, S. 209 (A 154, 155)
66	Zitat, KrV, S. 498 (A 547/B575)
67	Zitat, GMS, S. 41 (BA 37)
68	Zitat, KrV, S. 499 (B 576, 577/A 548, 549)
69	Zitat, GMS, S. 18 (BA 1,2)
70	Zitat, GMS, S. 19 (BA, 3, 4)
71	Zitat, Immanuel Kant: Opus postumum, 2. Hälfte: Convolut VII-XIII, in: Gesammelte Schriften in 22 Bänden, Band 22 (III/9), De Gruyter, Berlin 1971, S. 122
72	Zitat, GMS, S. 36 (BA 29,30)

73 Zitat, Immanuel Kant, Religion innerhalb der Grenzen der bloßen Vernunft, in: Hrsg. Wilhelm Weischedel, Werke in 12 Bänden, Band VIII, Die Metaphysik der Sitten, Suhrkamp, Frankfurt a. Main 1968, S. 842 (A 246/B 261, 262), im Folgenden zitiert als RGV
74 Zitat, RGV, S. 649 (BA III, IV, V)
75 Zitat, KrV, S. 33 (BXXX, BXXXI)
76 Zitat, GMS, S. 59 (BA 64)
77 Zitat, GMS, S. 61 (BA 67)
78 Zitat, GMS, S. 24 (BA 11)
79 Zitat, Friedrich Schiller, Werke in 43 Bänden, Hrsg. Julius Petersen und Friedrich Beißner, 1943, Unveränderter Nachdr. 1992, Band 1, S. 355
80 Zitat, GMS, S. 59 (BA 64)
81 Zitat, Immanuel Kant, Beantwortung der Frage: Was ist Aufklärung? In: Hrsg. Wilhelm Weischedel, Werke in 12 Bänden, Band XI, Schriften zur Anthropologie, Geschichtsphilosophie, Politik und Pädagogik 1, Suhrkamp, Frankfurt a. Main 1968, S. 59 (A 491), im Folgenden zitiert als WiA
82 Zitat, Immanuel Kant, Prolegomena zu einer jeden künftigen Metaphysik, die als Wissenschaft wird auftreten können, In: Hrsg. Wilhelm Weischedel, Werke in 12 Bänden, Band V, Schriften zur Metaphysik und Logik 1, Suhrkamp, Frankfurt a. Main 1968, S. 114 (A6), im Folgenden zitiert als Prolegomina
83 Zitat, WiA, S. 53 (A 481, 482)
84 Zitat, WiA, S. 53 (A 481, 482)
85 Zitat, KrV, S. 13 (AXI, XII)
86 Zitat, Prolegomina, S. 243 (A 191)
87 Zitat, WiA, S. 53 (AXI, XII)

In dieser Reihe erschienen:

Walther Ziegler
Camus in 60 Minuten
2. Auflage: Juli 2015
84 Seiten, Paperback, € 9,99
ISBN 978-3-7347-8170-4

Walther Ziegler
Freud in 60 Minuten
2. Auflage: Juli 2015
96 Seiten, Paperback, € 9,99
ISBN 978-3-7347-8024-0

Walther Ziegler
Hegel in 60 Minuten
2. Auflage: Juli 2015
128 Seiten, Paperback, € 9,99
ISBN 978-3-7347-8128-5

Walther Ziegler
Heidegger in 60 Minuten
2. Auflage: Juli 2015
108 Seiten, Paperback, € 9,99
ISBN 978-3-7347-8169-8

Walther Ziegler
Kant in 60 Minuten
2. Auflage: Juli 2015
144 Seiten, Paperback, € 9,99
ISBN 978-3-7347-8172-8

Walther Ziegler
Marx in 60 Minuten
2. Auflage: Juli 2015
112 Seiten, Paperback, € 9,99
ISBN 978-3-7347-8154-4

Walther Ziegler
Platon in 60 Minuten
2. Auflage: Juli 2015
112 Seiten, Paperback, € 9,99
ISBN 978-3-7347-8158-2

Walther Ziegler
Rousseau in 60 Minuten
2. Auflage: Juli 2015
112 Seiten, Paperback, € 9,99
ISBN 978-3-7347-2555-5

Walther Ziegler
Sartre in 60 Minuten
2. Auflage: Juli 2015
116 Seiten, Paperback, € 9,99
ISBN 978-3-7347-8156-8

Walther Ziegler
Smith in 60 Minuten
2. Auflage: Juli 2015
100 Seiten, Paperback, € 9,99
ISBN 978-3-7347-8157-5

Große Denker in 60 Minuten

Sämtliche Bücher der Reihe sind auch gebunden als Hardover im gleichen Verlag erschienen.

Demnächst in dieser Reihe:

Walther Ziegler
Adorno in 60 Minuten

Walther Ziegler
Arendt in 60 Minuten

Walther Ziegler
Bacon in 60 Minuten

Walther Ziegler
Descartes in 60 Minuten

Walther Ziegler
Foucault in 60 Minuten

Walther Ziegler
Habermas in 60 Minuten

Walther Ziegler
Hobbes in 60 Minuten

Walther Ziegler
Nietzsche in 60 Minuten

Walther Ziegler
Popper in 60 Minuten

Walther Ziegler
Rawls in 60 Minuten

Walther Ziegler
Schopenhauer in 60 Minuten

Walther Ziegler
Wittgenstein in 60 Minuten

Der Autor:

Dr. Walther Ziegler hat Philosophie, Geschichte und Politik studiert. Als Auslandskorrespondent, Reporter und Nachrichtenchef des Fernsehsenders ProSieben produzierte er Filme auf allen Kontinenten. Seine Reportagen wurden mehrfach preisgekrönt. Seit 2007 bildet er in München junge TV-Journalisten aus und leitet die Medienakademie auf dem Gelände der Bavaria Film, eine Hochschulbildungseinrichtung für Film- und Fernsehstudiengänge. Er ist zugleich Autor zahlreicher philosophischer Bücher. Als langjährigem Journalisten gelingt es ihm, das komplexe Wissen der großen Philosophen spannend und verständlich darzustellen.